プロフェッショナル霊能者

エスパー・小林

青林堂

はじめに

私は、霊能者として40年間、仕事をしてきた。

ひと口に「霊能者」といっても、やっていることはさまざまで、能力のレベルもまったく違う。

だが、ほとんどの人は、ピンからキリまで、すべてを大雑把に括《くく》って「霊能者」として、認識しているのではないだろうか。

私から見ても、世の「霊能者」は玉石混交だ。ほとんどが〝石〟と言っていいかもしれない。

「玉」＝本物は、１００人の霊能者がいたら、１人いればいいほうだろう。

私は、大きく分けて３つの霊力を持っている。

1つ目は、〝特殊気功〟によって行なう心身の癒しである。これは、霊能力を使った幻のワザで、人の体をスキャンするように霊視して、悪い部分を発見し、エネルギーを注いでケアをしていく。

2つ目は、透視。この能力によって〝幽霊〟はもちろん、依頼された人や土地の過去と未来、健康状態から寿命まで、あらゆる「見えない」ものを視《み》ることができる。

そして、最後は除霊。除霊は、霊能の要であり、〝祟《たた》り〟を祓《はら》える高いスキルを持っていなければ、この仕事はできない。

3つの霊力は、周波数がそれぞれ違っているのだが、切り替えができる霊能者は、ほぼいない。皆、透視なら透視、癒しなら癒し、除霊は除霊だけ。スイッチを一つしか持っていないのだ。

だから、私は、霊能者として特殊な存在であり、40年間もこの仕事をやってこられたのは、3つの霊力を自在に使えるからだろう。

だが、さっきも言ったように、世の中にはさまざまな「霊能者」がいて、中には霊力もないのに、高い料金を取っているニセモノもいる。

そんな霊能者にうっかり騙《だま》され、本当に困っているのに、お金だけ取られて何も変わらない、もしくは、さらに窮地に陥ってしまったら目も当てられない。

そうならないためには、そもそも「霊力」とは何なのかを理解し、プロと素人の違いはどこなのか、知る必要があるだろう。

この本では、本物の霊力や霊能力者について、そして、私が実際に手がけた透視や身体の改善、除霊のエピソード、悪運、悪縁から逃れる具体的な方法などを記している。

読んでいただければ、〝霊能のプロ〟とは、どんなものなのか、少しはわかっていただけるのではないだろうか。

本書によって、「見えない世界」が少しでも可視化され、現在、先の見えない人生に迷い、さまよっている誰かの道しるべになれば幸いである。

エスパー・小林

目次

第1章

「霊能者」について

霊能者の身体的特徴

声も瞳も目線もちょっと「変」

霊感が強い人は、会うとすぐにわかる。まず声が違う。

「二重音」という、二つの音が重なったように聞こえる、独特の声を持っている人が多いのだ。

私も、高音と低音が重なった「二重音」の声で、ちょっと変な響き方をする。

私の霊能の師匠である、美輪明宏さんの震えるような不思議な声も「二重音」のため。理由はわからないが、霊感の有無は、声帯に出やすいのかもしれない。

あと、わかりやすいのは体格。

小柄～中ぐらいの体格の人が多く、やたらと背の高い霊能者は滅多にいない。これは、地面との距離の問題で、離れすぎていると、地のエネルギーを敏感に感じ取れないのだろう。

中には例外もあって、怪僧と言われたロシアのグレゴリー・ラスプーチンは、背が2メートル弱ぐらいあったが、本当に霊感があったかどうかはわからない。

ロシア皇帝ニコライ二世の息子、アレクセイ皇太子の血友病の発作を祈祷《とう》で改善させたというから、「治す力」はあったのだろう。でも、いわゆるヒーリング能力と霊感はエネルギーの種類が違う。

治す力があるからといって、霊的な力があるとは限らないのだ。


白目が青いのも、霊能者の特徴の一つ。青みがかった白目は、普通、赤ちゃんの時だけで、大人になると濁ったり黄色くなったりする。女性の場合、低血圧やヒステリー系の人に白目が青い人もいるが、成人男性にはほぼいないだろう。

私も白目が青く、除霊を行なうと、さらに青みが強くなる。

医者に、どうして青くなるのか聞いたら、

「霊能者だからでしょう。小林さんは特別だから」

と、はぐらかされた。医者も原因がわからないのだ。

霊能者の白目が青かったというのは、おそらくどの記述にも書いていない。

だが、それを、あるヨガの先生に話したら、

「自分の師匠も同じことを言っていた」

と、納得していた。

あるレベルまで達した人たちは皆、同じことを言うのだろう。


さらに、目に関して言うと、瞳が二重になっている人もいる。

1つの眼球に2つの瞳孔がある「重瞳《ちょうどう》」という症例で、占い的には「貴人の相」と言われている、明らかな異相だ。

そのせいか歴史上の傑物は、〝重瞳説〟が意外に多く、豊臣秀吉は瞳が横に重なっていたので天下を取り、石川五右衛門は、縦にあったから天下の大泥棒になった、と

いう話もある。真偽は不明だが。

霊能の世界で一人だけ、この眼相に近いと言われているのは、やはり美輪さんで、重瞳のためか目を合わせていても、どこを見ているかわからない。

というか、霊能者の多くは、対峙した時、相手の顔をあまり見ていない。頭の後ろのほうを見るので、目線がちょっとおかしいのだが、これは、背後霊をチェックしているのだ。

『ドラゴンボール』で、相手の戦闘能力を測る〝スカウター〟という装置があったが、あれと同じで、我々は、背後霊を見れば相手のレベルを一発で見分けられる。見分けられなければ、プロの霊能者とはいえない。

鬼と霊能者はそっくり?

あとは、眉間の少し上、いわゆる「第三の目」のあたりが凹《へこ》んでいたり、頭のてっぺんが膨らんで「角」みたいになっていることもある。

私も、この仕事をしているうちに、「第三の目」が凹んでしまった。

昔の鬼の絵を見ると額に目があり、角が出ているので、おそらく霊能者を「鬼」として描いたんだと思う。

漫画にも出てくる、役行者《えんのぎょうじゃ》（※飛鳥時代の呪術者）も、「役《えんの》小角《おづぬ》」＝小さい角と呼ばれているし、比叡山《えいざん》の角大師《つのだいし》（平安時代の僧・元三大師《がんざんだいし》良源《りょうげん》）も、小角があって耳が尖っている。

マンガちっくに描かれているが、能力がある人間は、皆、共通項があるのだ。

霊能者は、髪質や髪の伸び方にも特徴がある。

私は、霊感を使うと髪が異様に早く伸びる。行きつけの美容師いわく、「お客の中で、ベスト3に入るくらい」伸びるのが早いそうだ。

しかも、生え方がどんどん変わっていく。もともとは完全な直毛なのだが、霊能の腕が上がっていくにつれて、急にクセ毛になったり、かと思うと、またストレートになったり、どんどん変わっていくので面白い。

しかも、髪の毛は、霊的なものを感知するアンテナになっているので、本気を出すと、サーッと反応する。『ゲゲゲの鬼太郎』でも、妖怪アンテナ（妖気計算髪）が反応すると、髪の毛が針みたいになっていたが、本当に、あんな感じで逆立つのだ。

あと、能力を使っている時は、顔も伸びる。同時に、白目も真っ青になっているので、心霊ロケから戻ってきて鏡を見ると、「お前、誰？」と、自分でもびっくりすることがある。

別人のようになっていて、それを見るたび「こいつ、怖いな」と思う。

本物とニセモノは紙一重

良い意味でマイペース、悪い意味で非常識

この仕事をやっていて、いちばん嫌だなと思うのは、霊感も能力もないのに、おかしな治療法をすすめる〝自称霊能者〟が多いことだ。

例えば風邪を引いたら、普通は、病院に行くか薬を飲むだろう。

だが自称霊能者は、

「薬は毒だから飲まない」

と、わけのわからないことを言い出す。しかも、ただの思い込みだったりするので、理由を聞いても、支離滅裂で全然腑《ふ》に落ちない。

以前、体調を崩して熱っぽい時、知り合いの霊能者に、

「馬肉を患部に当てると、熱が取れるから貼るといい」

と、言われたことがある。

「薬を飲んだほうが早いだろう」と言っても、

「薬は良くない。馬肉のほうが効く」と、謎に自信満々で頑として譲らない。

「じゃあ、熱が下がったら、その肉はどうするんだ」

と聞いたら「食べます」と言う。いや、衛生的に大丈夫かよと思ったが、自称霊能者は、根拠も悪気もなく、変なことをすすめてくる、厄介な人が多いのだ。


ほかにも、ちょっとズレた霊能者の女の子がいた。

夏場に、ある一流ホテルのロビーで待ち合わせをしたら、カランカランと下駄を履いて歩く音が聞こえるので「どこのバカだ」と思ったら、その女の子だった。

「なんで下駄を履いてるんだ?」と聞いたら、「夏場は下駄がカラダにいい」と言う。

そういう問題じゃないと思うのだが、良く言うとマイペース、悪く言うと当たり前の常識がなく、場の空気を読めないのだ。

もっと、ひどい例を挙げると、ある食事会で、ずっと下を向いて「そうね、そうね」と、テーブルを叩《たた》きながら誰かと話している〝霊能者〟の隣に座らされたことがある。

あとで「誰があんなヤツを連れてきたんだ」と、主催者に文句を言ったが、食事している横に、あんなのがいたらたまらない。どう見ても精神異常だ。

このように「ちょっと精神科に行ったら？」と、言いたくなる人がほとんどなので、自称霊能者とは、できるだけ関わり合いたくない。

見た目は普通でいい

ただ、霊能に限らず、何かの才能が飛び抜けている人——天才は、独特の雰囲気をまとっている人が多い。

将棋《ぎ》の藤井聡太くんもそうだが、顔付きも佇《たたず》まいも、若い頃から、どこか浮世離れしていて、別の世界を生きているように見える。感覚や感性が、普通の人とは明らかに違うのだろう。

さまざまなジャンルの天才を見てきたが、彼ら、彼女らは皆、ちょっとおかしく、おかしいから天才なのだ。

私は、見た目的にはかなり普通なほうだと思う。

だから、前知識なく私を見て、霊能者だと見抜いた人は、美輪さんを入れて5人しかいない。それくらい私には、霊能の〝匂い〟がないと言われる。

だが、それでいいのだ。

昔、あるタレント事務所の人に「和装をしろ、そのほうが売れるから」と言われたが「七五三じゃないんだから」と断った。

そのほうが、お金は入るかもしれないが、和装で色付けされるなんてごめんだ。そもそも〝タレント霊能者〟になる気もない。

テレビの番組で「山にこもって札を取ってこい」と、言われたこともあるが、一切やらなかった。そこだけは、自分のペースを貫いてきたので後悔はない。

こういう仕事だからこそ、良心に反することをしたくない。「人を騙さないこと」がいちばん大切なのだ。

癒しは暖房、透視は冷房、除霊は除湿

霊的な力と癒しの力は別モノ

私は、依頼を受ければ、癒し、透視、除霊をすべてやっている。

だが、普通は、身体を癒せる能力を持っている人は、見えないものを視たり、祓ったりすることはできないし、逆に、透視や除霊をする人は、身体を癒すことができない。先に述べたように、霊的な能力と癒しの能力は、エネルギーの種類が違うからだ。

両方やるというのは、空を飛びながら水の中を潜るとか、陸上をやりながら水泳で金メダルを獲《と》るようなもの。それくらい、まったく別モノなのだ。

3つの能力を自分の中で体系化すると、癒す能力というのは、エアコンでいうと熱を発する暖房だ。一方、「視る」能力は、冷房で冷やす力。そして、透視の一個上の能力が除霊となり、こちらは除湿。だから、理論的には、透視ができれば除霊もできるということになる。

だが、皆、そのスイッチの切り替えができない。私からすると、エレベーターで3階に行きたいなら3階のボタン、4階に行くなら4階のボタンを押すだけのことなのだが、そんな簡単にできることではないらしい。

「らしい」というのは、私の場合、潜在的に、癒す能力と視える能力を持っており、嫌味に聞こえるかもしれないが、両方できることが当たり前だからだ。

なので、私のところには、霊能者がよく相談にやってくる。霊能を生業《なりわい》にしていても「視えない」「癒せない」人が多いということだろう。

本物とニセモノはここが違う

隠せない〝本物〟の証し

本当に「視える」人は、むしろ、霊能とはまったく関係ない一般の仕事をしている人たちの中にいて、そういう人は背後霊を視ればすぐにわかる。

ある店で、バーテンをしている女の子もそうだった。

店に連れて行かれ、ふとバーカウンターにいる彼女を見たら、背後霊が通常の人と違う。

「あなた、霊とか見えるでしょ」と聞くと、

「なんでわかるんですか？」と、本人も周りもびっくりしていた。

ほとんどの人は、身内の霊が背後霊として憑《つ》いているが、視える人は、何らかの信仰の対象になっている高級霊が憑いていることが多い。

昔、テレビによく出ていた女性霊能者のGさんなんかは、メディアで随分持ち上げられていたが、実際は身内の背後霊しか憑いてなかった。だから、霊的な力はあっても、言い方は悪いが、霊能者としてはたいしたことはなかった。

例えるなら、素人にしては料理がうまいけど、プロの料理人としては通用しないレベル。おそらくテレビに出る時は、事前にリサーチをするなど、相当〝仕込み〟をやっていたと思う。

霊能者として、私がすごいと思ったのは、美輪明宏さんと、すでに他界されている北条希功子《キクコ》さんという女優さんの2人だけだ。

北条さんはスタジオですれ違った時、「この人は本物だ」とすぐわかったし、美輪さんは能力者として正真正銘の天才。いろいろな霊能者に会ってきたが、飛び抜けた能力の高さはもちろん、圧倒的なオーラを放っていて「この人、ホントに人間かな？」と、びっくりしたのは美輪さんだけだ。

初めて美輪さんを見かけた時、ジャムパンを食べながら、桃のジュースを飲んでいたのをよく覚えている。口の中がベタベタになりそうな組み合わせだが、霊能者は脳をすごく使うから、極端な甘党が多いのだ。私も甘党で、酒はほとんど飲まない。

霊を売りものにした人の末路

テレビなどでやっている「怖い話」系は、本物か作り話かすぐにわかる。

というか、番組で話しているような〝霊体験〟は、ほぼフィクション。「これは聞いた話ですが」というのも全部創作。〝心霊写真〟〝心霊動画〟も100％フェイクと思ったほうがいい。

そういった番組に出て、嘘八百《うそ》を言っている霊能者は、金儲《もう》けの手段で霊を使っているだけ。あんなことを続けていたら、ろくな死に方はしないだろう。

以前、霊感の強さを売りにしている、Iという男性歌手のお祓いを頼まれたことがある。

彼がどこかの海辺のお堂に行く心霊番組を観ていたら、白い服の女が笑いながら、スーッと彼の身体に入っていくのがハッキリ見えた。しかも、心臓の真後ろから入られている。ここを狙われたらアウトだ。

「こいつ、完全にやられたな」と思ったが、やはり程なくしてガンになり、ある方面から私に「Iのガンを取ってもらえないか」と依頼がきた。

その時、私は1個だけ「彼が心霊をやめて、引退するなら取るよ」という条件を出した。祓えたとしても、再度、心霊の仕事をすれば元の木阿弥《もくあみ》で、また同じことになるから、それならやらないと言ったのだ。

そうしたら、相手は「うーん」と言って帰ったので、そのまま放っておいたら、1

年後ぐらいにIは亡くなった。まだ30代だった。

ほかにも一世を風靡《び》したあと、ガンでなくなった女性霊能者や犯罪で捕まった男性霊能者もいたが、除霊もできないのに、「祓える」と偽って霊を金儲けに利用をした人たちは、大概、悲惨な目に遭っている。

そういうニセモノは、いつか霊に取り込まれ、自滅していくのだ。

素人は偶然で勝つがプロは偶然で負ける

素人の霊能者は、偶然を「正論」と考えるから、おかしくなる。

もっとひどいのになると、それを「奇跡」だの「神からの啓示」だの言い出す人もいて困ってしまう。

「偶然」に頼っていたら、いつか必ず失敗する。素人の霊能者に、自分の会社の将来を見てもらい、それを信じた結果、倒産してしまった社長もいる。

私は、ちょっとした偶然が起こっても、まず「偶然か否か」の検証をしながら進んでいく。そして、除霊はもちろん、癒しでも透視でも、「絶対、ここだ」と計算し、狙いを定めて引き金を引く。つまり、確実に〝当て〟に行くのだ。

一方、素人は当てずっぽうに引き金を引き、たまたま当たったこと＝偶然を実力と思い込んでしまう。周りもそれを持ち上げるから、〝信者〟が増え、結局、その人たちは、素人を信じたがゆえに、会社を潰した社長のように散々なことになる。

何度も言うが、霊能の仕事は、偶然に期待したら絶対に負ける。

プロが勝つのは、勝つなりのスキルと裏付けがあるからで、私は、必ず結果を出す。結果を出してなんぼだ。

大谷選手だって、あれだけのギャラを取れるのは、結果を出しているからだろう。

しかも、霊能者は、人の生き死にも関わる仕事だ。常に１００、いや、１２０を目指さなくてはいけないのだ。

その上で、私は、どんな依頼も断らないようにしている。

私のところには、どこに行ってもダメだと言われ、藁《わら》にもすがる思いで来る人が多いので、私が断ってしまったら、希望が消えてしまうからだ。

ただ、唯一、「昔の自分に戻してくれ」という依頼は断った。未来は動かせても、過去は動かせないからだ。

しかも、依頼の理由がしょうもなかった。

「浮気が旦那にバレて、離婚されそうなので過去を戻してほしい」

という相談で、これはもう自業自得。旦那の気持ちを変えることは不可能ではないけれど、変えたところで、いい方向にいかないのは目に見えている。

「旦那さんの気持ちは離れているので無理です」

そう言って、あきらめてもらった。

霊的な影響を受ける人、受けない人

子供の頃の霊体験

私は、幼少の頃は、自分に霊感があるという自覚はなかった。オバケが頻繁に見えることもなく、心霊番組なんかは、むしろ怖くて観《み》られない子供だった。

ただ、今、振り返ると、兆しのようなものはあった。

小学校４年生の時、犬に捕まってヘロヘロになったスズメを道端で見つけたので、そっと手に取り、温めていたら蘇生《そ》したのだ。

その時は「生き返って良かった」と思うだけで、何も考えていなかったが、当時から癒す能力があったのだろう。

中学に入ってからは、さまざまな霊障に悩まされ始めた。

当時、住んでいた家の裏が神社、さらにその裏に墓地と寺があって、毎晩、私の部屋に霊が来て、散々〝悪さ〟をしてくる。そのせいで仰向けになって寝ることもできない。うつ伏せになっていないと、霊が首を絞めてくるのだ。

毎晩、深夜の0時半から2時くらいの時間帯に、子供が履くような〝ピヨピヨ〟鳴るサンダルで、大勢が走り回る音が聞こえてくることもあった。

夜中にピヨピヨ、ピヨピヨ、音をさせて、キャッキャッ騒いでいるから、最初は、水商売の人が複数で住んでいるのかと思った。

だが、よくよく考えたらそんな人たちはいない。しかも、あれだけ騒いでいるのに、大人の声が全然聞こえない。その時「あ、オバケだ」と気付いた。

あと、やっぱり夜中、ガチャガチャすごい音がするので、雨でも降ってきたのかと窓を開けたら、晴れていて月も出ている。屋根の瓦もまったく濡《ぬ》れていないし、「あの音は、何だったんだ？」なんてこともあった。

そんなことばっかりだったので、寝るのが恐怖で、大人になった今も不眠気味だ。

でも、当時は、親にそれを言えなかった。親父が医者だったので「霊がいる」なんて言ったら、頭がおかしいと疑われ、病院に入れられると思っていたのだ。

だが、後々、この仕事を始めてから、母親に当時のことを話したら、

「実は、私も見えていた」

と言う。聞けば母親は霊感のある家系で、特に母の母、つまり祖母は、霊感が強かったらしい。私が幼稚園の頃に亡くなってしまったので、祖母がどんな人だったのか記憶にないのだが、私は母方の血が強く出たのだろう。

霊感はネジのように〝開け閉め〟できる

霊感が強いのは、圧倒的に女系が多く、父親に霊感があっても、それが子供に遺伝したという話は、あまり聞かない。

うちは娘と息子がいて、娘は小さい頃、結構見えていたが、息子はまったく、その兆候はなかった。ただ、素質的には、息子のほうが才能がありそうなので、やり方によっては、霊感は強くなると思う。

霊感はネジのように、閉めたり緩めたりできるのだ。寝た子を起こす必要もないので、わざわざ息子のネジを緩める気は一切ないが。

私のように霊感が強いと、近くにいる人間がそのエネルギーを受けて、うっかり見えてしまうことはある。

若い頃につき合っていた女性は、それまで霊体験はなかったのだが、私といるようになってから、誰もいないところを指差して、

「あそこに人がいる」

と言い出すようになった。私も同じものが視えていたので、勘違いではない。

だが、私のエネルギーを受けているだけなので、別れたら霊感はなくなり、何も視

えなくなった。

以前、テレビの心霊番組のロケ中、私の周りのキャストやスタッフが視えてしまって、大騒ぎになったこともある。

私が本気を出すと、ものすごいエネルギーを発するので、火のそばにいくと体が温まるように、その影響を受け、一瞬だけ霊感の〝ネジ〟が緩んでしまったのだ。

エネルギーが強い人間といると、こういう現象はよくある。


一方、まったく影響を受けない人間も存在する。

うちの妻はそういう「絶縁体人間」で、私といても霊体験をしたことはまったくない。それも一種の才能だろう。

しかも、絶縁体タイプは、負のエネルギーも受けにくいので、とにかく身体が丈夫だ。

それを妻に言うと、「人をゴミみたいに」と、文句を言っているが、霊に煩わされることなく、いつも健康で元気なら、こんなに幸せなことはないだろう。

逆に、霊感が強い人は、身体が弱いことが多く、どこかに障害を持っているケースもある。そういう人は、不自由なところを補うため、普通の人より感性が鋭く、過敏な体質になってしまうのだ。

だから、健康優良児級に頑丈だったり、やたらとマッチョな霊能者は、私が知る限り会ったことがない。いたとしても、霊能者としての腕前はどうだろうか。

もちろん例外はあるだろうが、もし、そんな霊能者に遭遇したら、気を付けたほうがいいかもしれない。

第2章

「癒す力」について

伝授不可の〝特殊気功〟とは

頭が破裂寸前、〝スキャナーズ〟状態に

私が行なっている「特殊気功」は、霊能力を使って心身の癒しや改善、自己治癒力の向上をサポートする特殊なものだが、誰かに習ったわけではない。

私は、プロの霊能者としてスタートする前は、出版社の編集者として働きながら、夜は占い師として活動していた。

そこらへんのいきさつは、ほかの著作でも述べているので、詳しいことは割愛するが、霊能力が本格的に上がり出したのは、20代後半で意外と遅い。

霊感が上がり始めると同時に、ものすごい偏頭痛が始まった。

昔、『スキャナーズ』という脳が破裂する映画があったが、イメージとしてはまさ

にあんな感じだろう。脳に血が昇り、頭が膨張していくのがわかるのだ。

でも、頭痛薬を飲んでも効かない。冷やしたり水をかけたり、できることはすべてやったがまったく治らない。痛くて寝られないし、24時間、脳がキンキンして、おかしくなりそうだった。

それで、つき合いのあった霊能関係の人に相談したら、

「いい方法がある。正座して、墨を磨《す》って、写経をしろ」

と、見当外れなことを言われた。

「そんなもん、効くわけないだろ」と、あきれてしまったが、写経なんかで治るわけがない。

どうしたものかと思っていたら、当時『トワイライトゾーン』という本で、気功の先生の特集をやっていて、そこに出ていた中国の先生を「本物だ」と思い、すぐに習いに行った。

その時に、〝気〟を動かすこと——気を上げ下げすることができるようになり、よ

うやく偏頭痛が治ったのだ。

なぜ偏頭痛が起きたのか。

エネルギーは通常、均等に身体を巡っているが、例えば筋トレで右腕だけ鍛えたら、そっち側だけ筋肉モリモリになってしまうように、私の場合、霊能力が上がったことで、エネルギーの偏りが身体の中に発生してしまったのだ。

特に、その頃は、占いもやっていて、いろんな人を「視て」いたので、エネルギーが全部脳に集まってしまい、上がったものを下げようとする流れと、それでも上げようとする流れが拮抗《きっ》し、エネルギーがどんどん停滞してしまったらしい。

だが、気功によって、気を自在に動かせるようになってからは、霊力の精度が格段に上がり、種類の違うエネルギーをコントロールできるようになった。

具体的に言うと、癒しのエネルギーを出す時は、手のひらの真ん中が熱くなり、透視や除霊をする時は、スースーするような〝冷風〟を出すことができる。

しかも——胡《う》散臭く思われるので、あまり言いたくないのだが——私の手のひらは、普段からナチュラルに温かいので、ちょっとした不調や痛みなら、手を当てるだけで癒してしまう。

これは、強い生体エネルギーが出ているため。つまり、常に代謝が上がっている状態なので、私は、身体がカイロのようにポカポカしていて、食事をするとさらにポッポする。だから、寒い時はいいのだが、暑い時期はかなりキツい。

霊能者の中でも、人の〝気〟を扱う暖房タイプは、渇きに弱く、夏が苦手という人が多いのだ。

手を当てた途端、お腹がゴロゴロ

私が、最初に人の身体をケアしたのは仕事ではない。

偏頭痛がようやく取れた頃だったと思うが、私には、一緒に食べ歩きをしている女性のグルメ友達がいた。彼女がすすめる店はいつも当たりで、その日も、ある店に行くため、待ち合わせをしていたのだが、一向に現れない。

当時は携帯もないので、公衆電話で家に連絡をすると、「具合が悪くて寝ている。原因はわからない」と言う。

彼女は独り暮らしだったので心配になり、果物を買ってお見舞いに行くと、真っ青な顔で出てきた。

「どうした？」

「実は便秘がひどい。もう4～5日出てなくて、薬も飲んでいない」

男の私にはよくわからなかったが、とにかく苦しそうなのでお腹を触ってみた。すると、すぐにゴロゴロ鳴り出して、

「来たかもしれない」

と、トイレに駆け込み、4～5日間、溜《た》まっていたものがスッキリ出て、たちまち

元気になってしまった。

これが、私の最初の「癒し」体験だ。

滞っている身体は「視れば」すぐにわかる

私が、どのように人の身体を視て、癒しているのか。

やり方は、とてもシンプルだ。

まず、身体に何本も縦線が入っているのをイメージしてほしい。どこも悪くなければ縦線はどれもまっすぐだ。だが、滞りや疾患があると、そこだけ線が乱れギザギザになっている。その部分にエネルギーを入れて、乱れていた線をまっすぐに戻す。これだけで身体は整っていく。

そのほかに、傷んでいる部位をピンポイントで再生させる方法もあり、アプローチはさまざまだが、基本的に、そっと触れるだけでバキバキやったりはしない。

軽度の症状なら、指がすっと入り、そこで、うにうにと動く感覚があれば、大体改善される。

一方、長患いしている場合は、悪い部位の芯が硬くなっているので、指が入りにくく動きが鈍い。だが、しばらく触れていると、急にグッと動き、パキンと音がするような感覚がある。そうなれば、ほぼ大丈夫。あとは、自己治癒力で自然に改善されていくケースが多い。

ガンなんかも、触っていて「あ、消えたな」という、何とも言えない独特の手応えがある。そういう人は、あとで検査をすると、実際にガンが消えていたりする。理由がわからないので、医者は首を傾《かし》げてしまうのだが、私にも医学的にどんな作用があったかわからないし、それを追求する気もない。

治ったならそれでいいじゃないか、というのが私の考え方で、結果がすべて。

料理だって、調理法がわからなくても、おいしければ満足するだろう。

「わけがわからないけど、ま、いっか」と、結果オーライで納得してもらうのが、私のやり方だ。

特殊気功のやり方を教えてほしいという人もいるが、誰かに伝えたことはない。私は癒しを行なう際、まず、頭の中でエネルギー＝霊能力の周波数を調整しているのだが、霊能力がない人にそれを説明しても、チンプンカンプンだろう。

さらに、身体の中を「視る」能力がないとできない方法なので、視えなければ、その先も伝えようがない。だから、特殊気功は、私の代で終わりだと思っている。

水に石を落とすと波紋ができる。その時、一定の波紋が出ている身体なら問題ない。だが、悪いところがあると、そこだけ波紋が崩れている。それを〝視て〟「ああ、ここに問題があるな」と、わかる…。

それが私のやり方だと思ってもらえればいい。

繰り返すが、どんなやり方だろうと、結果、良くなっていればいいのだ。

癒しの実例

メスが入った身体は難しい

特殊気功にも弱点はあって、風邪には効きにくく、伝染病や遺伝性の病気は、時間がかかる。あとは、メスが入ってしまっている身体も難しい。

エネルギーを身体に入れると、通常なら、電流のようにうまく流れてくれるのだが、メスが入っていると、切り口で遮断されているため流れていかないのだ。

なので、その場合は、遮断された部分を避けて回り道をし、違う方向からアプローチして、エネルギーを流していく。

あと、美容整形をしている人も難しい。シワ取りやリフトアップなど、アンチエイジングの美容医療ぐらいなら問題ないが、エラを削ったり、鼻を高くしたり、何らかのオペをして、大幅に〝工事〟をしていると、非常にやりづらい。しかも、本人が申告していないのに、こちらから「整形していますね」とは言えない。

そう考えると、いちばんやりにくいケースかもしれない。

ちなみに、豊胸手術をした人のケアは、やったことがないのでわからない。そこにエネルギーを入れたら、どんな反応をするのか、試してみたい気もするのだが……。

逆子ならぬ〝横子〟を正常な位置に

これまで、あらゆる症状、あらゆる身体に接してきたが、いちばんびっくりしたのは、胎児が逆子ではなく〝横子〟になっていた妊婦さんだろう。

普通、胎児は、お母さんのお腹の中で上か下を向いているのだが、その子は、文字どおり横向きになっていたのだ。

前例がなかったので、どうなるかわからなかったが、ダメ元でやってみると、動く感覚がある。そのまま「あんた、そっちじゃないよ、こっち向いたほうが楽だよ」と、赤ちゃんに話しかけたら、コロンと向きが変わって正常な位置に戻った。

動くまで30分もかからなかったが、これは自分でもすごいなと思う。


芸能関係の人からの依頼もよく受ける。

手が動かなくなったというギタリストがいたので、錆《さ》びた機械に油をさす感覚で、エネルギーを入れ、一発で動くようにしたこともある。

あと、名前は出さないが、誰もが知っている舞台女優もいた。

舞台の公演中に声が出なくなり、どうにかならないかという依頼で、喉のあたりを緩め、声帯を癒したら、すぐ声が出るようになった。

そこで気に入られて「頼むから、公演中は毎日来てくれ」と頼まれたので、1ケ月間、自分の仕事は捨てたつもりでケアをした。

金額的には割に合わないが、そんな機会はなかなかないので、腕を上げるいい勉強になったと思っている。

自分が吐いてしまったことも

相手の症状が重かったため、あまりにもキツくて、終わったあとに、私が吐いてしまったケースが2つある。

一人目は、脳腫瘍の手術をした女性。手術で腫瘍は取ったのだが、麻痺が残ってしまい、片目をつぶると、コップもうまく持てない状態だった。

それをどうにかしてくれと頼まれたのだが、イメージとしては、バサッと切れた直径10㎝ぐらいの電線の束をつないでいくような感覚。

非常にデリケートな場所なので、細心の注意を払いながら、頭の中で一本一本電線をつないでいき、なんとか改善することができた。

だが、終わったあとはヘロヘロ。自分が思っている以上にダメージが大きく、吐いてしまった。

余談だが、この女性は、小さいお子さんが3人いて、脳腫瘍になった時、旦那がボソッと「死んだらどうしよう、次、もらわなきゃ」と言ったことを、かなり恨んでいた。

「あのひと言だけは絶対に許さない」と、回復したあとも怒っていたので「まぁまぁ」となだめたが、これは旦那が悪い。

子供3人を残されてしまう不安はわかるが、それを奥さんに言ったらまずい。何があっても、先々のことがよぎっても、とりあえず全力で、目の前の奥さんを心配する姿勢を見せるのが、お互いのためだ。

私もだが、世の旦那は、教訓にしていただきたい。

もう一人は、腸のガンの内視鏡手術で穿《せん》孔が入り、出血が止まらなくなってしまった女性。

病院にお見舞いに行くと「生きてる?」と聞きたくなるほど、血の気がなく顔が真っ白だった。

すぐに取りかかると、まず出血部分に触れた感覚があり、頭の中で傷口をそっとふさぐように、少しずつ少しずつエネルギーを入れていった。すると「いったな」という手応えがあり、同時に出血が止まって生気が戻ってきた。

この時も集中しすぎて、相当、疲弊したのだろう。帰りに吐いてしまった。

人の寿命は変えられない

吐くほど大変だったのは、この2回だけだが、年を取っている人や、小さい頃から病弱で長く闘病をしている人は、どうしても身体の動きが悪い。健康な人や若い人のように、エネルギーがスムーズに入らず、穴の空いたバケツに水を汲《く》んでいるように、入れていくさきからどんどん漏れていくのだ。

全身にガンが転移していて、モグラ叩きみたいになったこともある。

こっちのガンを潰したと思ったら、違う場所に動き、別のガンを完全になくしたら、またこっちに出てくる……という状態で、叩いても叩いてもキリがない。

どうにかしてくれと思ったが、やはり全部を潰すのは無理だった。ここまで悪くなってしまっていると、どうやっても手に負えないのだ。

すでに、昏《こん》睡状態になっている年老いたお母さんの意識を、奇跡的に30分だけ戻したことはある。

ご家族も、もう目覚めないだろうとあきらめていたのだが、エネルギーを入れてあげると、ふっと意識が戻った。そして「お水を飲みたい」と言うので、飲ませたら「こんなにおいしい水は初めて飲んだ」と、嬉しそうに笑ったのだ。

この時は、家族から「母と最後に話ができて良かった」と感謝され、「癒す」ことの意義を、改めて実感した。

健康な身体に戻すことだけが「癒し」ではないのだ。

人にはそれぞれ決まった寿命がある。それは、私でも容易に変えられない。70歳で病気になってしまったけれど、１００歳まで寿命があるという人ならどうにかできる。だが、もともと70年しか持たない人だと、頑張っても数ヶ月か数週間ぐらいしか寿命は延ばせない。

あとは、身体の壊れ方次第だろう。病状が進んでしまっている場合は、どれだけエネルギーを入れても限界があるのだ。

ただ、その一方で、私自身は何もしていないのに、相手の体調が勝手に改善されてしまうこともある。

知り合いと電話で話していたら、

「お前、なんか出してる？　今日は朝から喉が痛かったのに、平気になっちゃったけど」と、言われたこともあり、私と話すだけで不調が消えたという人は何人もいた。

おそらく意識せずとも、癒しのエネルギーが出ていて、それを相手が受けたのだろう。

“ガラス腰”は職業病

重い症状を扱うと、嫌でも腕は上がっていく。

だから、依頼が来ればできる限り対応しているが、癒しだけでなく、透視も除霊もエネルギーを使う仕事なので、やりすぎると、やはり身体への負担は大きい。

先に話した声が出なくなった舞台女優の時も、実は、やりすぎて自分の声が出なくなった。でも、この仕事をしていて、いちばんダメージがあるのは腰だろう。

私は、“ガラスの腰”と言われるぐらいの慢性の腰痛持ちで、これはもう完全に職業病だ。仕事のあとは階段の段差がつらく、上りは手すりにつかまればなんとかなるが下りはダメ。仕事が終わると直帰するのも、腰がつらいからで、かなり時間をかけて休みながら帰っている。

だが、仕事を辞めない限り、腰痛が良くなることはないだろう。

というのも、私の場合、仕事をやればやるほど、放っておいても自分の能力がどんどん上がっていくため、身体が追いつかないのだ。ようやく追いついても、能力は常にアップデートされていくので間に合わない。要は、キャパオーバーになり、そこで発生する不具合が、すべて腰にきてしまうわけだ。

だから、仕事以外は、できるだけ何もせず、家でゴロゴロするようにしている。仕事を続けるには、ひたすら休むしか、身体を癒す方法がないのだ。

「面」と「点」の違い

私は、不調を訴えられた時、

「まず医者に行け」

「それでダメなら、うちに来い」

と、言うようにしている。医学的に治るなら、そっちに行ったほうがいい。

私が相手にしているのは、どこに行っても治らず、医者も匙《さじ》を投げた人たちだ。

大昔も、私のような能力を持っている人間はいて、現代の気功をさらに細分化したような技で、いろんな人の不調を改善させていたのではないだろうか。

ただ、通常の気功には限界がある。「面」で攻めることはできても「点」では攻められないからだ。

私の場合は、「面」もできるが、針でピッと刺すように、ピンポイント＝「点」で攻めることができる。これは「神経」を動かせるということだ。

では、神経を動かせると、どうなるか。まず、深いアプローチが可能になる。それにともない癒しの精度と確度が飛躍的に上がるので、改善不可能と思われた症状を、改善可能な状態へ導くことができるのだ。

そこらへんがヒーリングやマッサージ、気功といったものと、私がやっている特殊気功の違いだろう。

第3章

「視る力」について

「視える力」とのつき合い方

コントロールが利かなくなる危険性

私は、霊力によって、見えないものが視えるし、過去や未来も視ることができる。だが、常に視えているわけではない。

この仕事は、霊だけでなく、生きている人間の悪意や邪念など、世の中の裏側も全部見えてしまう。そんなものが見えっぱなしになってしまったら、あっという間に病んで、それこそ精神科病院行きだろう。

そうならないため、プロの霊能者は、視える力をコントロールしている。

例えば『桃太郎侍』の高橋英樹さんは、当たり前だが、普段もあの格好で歩いているわけじゃない。撮影が終われば衣装を脱ぐように、能力のオンオフができないとプロにはなれないのだ。

先ほど、霊能力が上がったことで〝スキャナーズ状態〟になってしまった話をしたが、視える人の中には、脳にエネルギーが上がったまま元に戻らず、メンタルのコントロールも利かなくなってしまう人がいる。

こういう人は医者に行っても、原因がわからないのでどうしようもできない。

私は心療内科の顧問をやっているのだが、

「もし、私が、変なことを言い出したらすぐに言ってくれ」

と、頼んである。

なぜかというと、私の頭がおかしくなって、いつもと違うことを言い出しても、普通の人は、正常か異常か区別がつかないが、医者なら異常だと気付くからだ。

そして、私の状態が精神疾患とイコールなら、すぐに治療ができる。

この仕事をしていると、境界線を越える危険性は、常にあるので保険をかけているわけだ。

だから、心療内科の顧問というと聞こえはいいが、実際は、自分が怖いから引き受けている。冒険家と同じで、危険な場所に行くなら、徹底した下準備と危険性を回避する安全策は必須だ。そこを省略していきなり霊と対峙《じ》したら、霊に取り込まれて、精神がおかしくなるし、最悪、死んでしまうかもしれない。

過信は、絶対、禁物なのだ。

だが、霊能者を名乗っている人たちは、そういう準備や予防線を張らずにやっている人がほとんどだ。

それは、非常に危険だと、自覚しなくてはいけない。視える人ほど、簡単に壊れる危うさを持っているのだ。

正常と異常の境目は「常識」があるかどうか

では、精神的におかしい人とまともな人は、どこで区別するのか。

線引きは簡単で、常識があるかないか、である。

私は、仕事以外では「視えて」も、聞かれなければ何も言わない。

「あなたには、こういう背後霊がいますよ」

「あそこにこんな霊が立っていますよ」

と、言ったとしても、ほかの人には見えないので証明しようがないし、アブないヤツだと思われるだけなので黙っている。常識的に判断しているわけだ。

だが、精神的に問題のある人は、ちょっと見える、もしくは見えた気がすると、すぐ「アレが見えた」「コレが見えた」と言い出す。もっとひどいと、神や仏を持ち出してくる。

そうなったら、すぐ病院に行くことをおすすめするが、実のところ透視と妄言の境目はギリギリである。

医者ですら「祟りじゃないか」と思うケースもあり、かなり曖昧なのだ。

私の経験則で言うと、小さい子が「あのおばあちゃん、もうすぐ死ぬよ」などと言う場合は、本当に見えている。逆に、大人が急にそんなことを言い出したら、勘違いの可能性が高い。

仮に当たっていても、ただのまぐれだろう。ずっと当て続けたら本物かもしれないが、そんな人は滅多にいない。


だが、こんなケースもある。

ある病院に、「あの人は、明日の何時くらいに死ぬ」と、入院患者の死期がわかるベテラン看護師さんがいた。この人に言われたとおり準備をしていると、本当に毎回当たり、的中率は医者より高いらしい。

これは霊感というより完全に経験値だろう。あるいは、もともとあった霊感が経験によって磨かれたのだ。

霊感のある女の子へのアドバイス

親の中には、自分の子供がちょっとでも、何か〝当てる〟と、「うちの子には特別な力がある」「能力者かも知れない」と言い出すタイプがいる。

第六感などの能力は、誰でも少しは持っているので、たまたま当たっても冷静な親なら「そんなこともあるかもね」と、いちいち騒がない。

でも、おかしな親は、それを流せないから困るのだ。最も厄介なのは、強欲な親の子供に、本物の霊感があるケースだろう。

過去に、すごい才能を持っている10歳ぐらいの女の子がいた。

遺伝性のものだと思うのだが、完全に「視えて」いて、でも、両親も妹もまったくそのケはなく、トンビがタカを生んだみたいな子だった。

しかも、こう言ったら悪いが、その家は明らかに生活困窮世帯。父親もお金を稼げない。

なので、親が席を外した時、こっそり本人に、

「普通に生活をして、友達と遊びたい？」

と聞いた。すると「はい」と言うので、

「じゃあ、何か視えても、親やほかの人には言っちゃダメだよ」

と、アドバイスをした。

能力を隠せと言った理由の一つは、そろそろその子が初潮を迎える時期だったから。女の子は、レベルが高い子ほど、生理が始まった途端、霊力がうんと伸びるが、ガクッと減るかのどちらかだ。

さらに、男性経験、出産の３段階で、ほぼゼロになる確率が90％以上。だから、昔の巫女さんが処女でとおしたというのは正しい。子供を生んでしまうと、霊力は全部子供にいってしまうのだ。

その女の子も、成長とともに霊力は消えていくだろうから、何もしないほうがいい

と判断したのだ。

そして、もう一つの理由は母親。

申し訳ないが、相当、お金に汚い顔をしていて、もし、子供に能力があると知ったら、絶対悪用するのが目に見えていたので、

「この子の能力はたいしたことないです。生理が始まったら、消えるでしょう」

と言っておいた。そして、

「ただ、ちょっと感じるところがあるから、旅行に行ったり車に乗っている時、この子が『ちょっと危ないよ』と言ったら、それを信じて、言うとおりにしてください」と、霊感の有無より、危険回避能力があることを、わざと強調しておいた。

母親は、すごく残念そうな顔をして帰っていったが、良いことをしたと思っている。

あそこで私が、変に〝お墨付き〟を与えてしまうと、あの子を芸能人のように担ぎ上げ、お金儲けに利用し、最終的には、家族全員が犠牲になってしまったかもしれない。

その後、女の子がどうなったかわからないが、本人にあれだけ言っておいたので、おそらく無事に成長しているだろう。

明暗が分かれる家族の対応

家族に視える人がいると、気味悪がり、遠ざけてしまうパターンもある。昔は、そういう家のほうが多かった。

人の死期を当てることができたため、親に嫌がられ、精神科病院に入れられてしまった女性もいる。

この人は、私より年上なのだが、若い頃から精神科病院を転々とさせられていた。

だが、ある看護師さんが担当になった時、パッと見た瞬間に「この人は信用できる」と思ったそうだ。

実は、その時入院していた個室に、毎晩、知らないおじいさんが立って気持ち悪

かったのだが、誰にも言えず悩んでいた。でも、その看護師さんに、おじいさんの人相を伝えると、

「そのおじいさんは、10年くらいここに入院して亡くなった人だと思う」

と、すぐに納得して、部屋を変えてくれたそうだ。

その女性は、家族とは絶縁状態で、誰にも頼れなかったが、ようやく自分を信じてくれる人に巡り会えたのだ。

「ちょっとうちの娘がおかしい」

と、中学生の娘を持つ母親から相談を受けたこともある。

娘に会うと、こちらをものすごく警戒し、ハリネズミのようになっていたが、この子は霊感があるとすぐにわかった。

「玄関に、赤い服を着た女の子が、見えているでしょう?」

と、言ったら、パッと表情が変わって、

「ほら、先生も私と同じことを言ってるじゃん！」

と、ようやくホッとした顔をしていた。

その子は、母方の祖母が視える人だったのだが、隔世遺伝だったので、お母さんは霊感がなく、まったく見えない人だったのだ。

「あなたが見えなくても、娘さんははっきり視えている。事故とかを予言したら、絶対に信用してください。この子の言っていることは正しい」

と、お母さんに言うと、母親はショックを受けていたが、娘に「ごめんね」と謝って、この親子はうまく和解してくれた。

死相について

話が少しそれるが「死相」について解説すると、身体が弱っていて「もうすぐだな」という人は、見ればすぐにわかる。

そういう人は、身体が透けていて立体感がないのだ。テレビを観ていても、死期が近付いている人は、一人だけ合成したように見える。

あとは、声にも死相が出る。普通に話していても、くぐもったような独特の響きがあるので、あまり長くないなと、わかってしまうのだ。

うちの父親が入院した時も、退院の日が決まっていたのだが、声を聞いて、もうダメだなと思い、あきらめていたら10日後に急死した。

でも、病死と違って、事故や事件などの突破的な死は、死相が出にくい傾向がある。イランで暗殺されたハマス最高幹部のハニヤ氏も、私はわからなかった。

一方、F1レーサーのアイルトン・セナはすぐにわかった。レース前、はっきりと死相が出ていて「これは死ぬわ」と思ったら、やはり事故で亡くなってしまった。

これまで「視て」きたもの

占いは未来を視ることができない

私が、この仕事を始めたきっかけは占いだ。

中でも、タロット占いは直観を使うので「感覚を磨きたいなら、まずタロット占いをやれ」と、よく人に言っている。

だが、透視と占いはまったく違う。

占いの最大の欠点は、過去を当てることができても、未来は視られないことだ。だから、対抗策を講じることも、開運法をアドバイスすることもできない。

実際、私のところには、

「将来を見てくれ」

「このまま占い師を続けていいのか」

と、相談に来る占い師も多い。私に聞きにくる時点で、プロとしては失格だろう。そういう人には「占い師には向いていないので、やめたほうがいい」と、アドバイスしている。

家相や風水、方位なども、すべての人に当てはまるはずがないので、私は、ほぼ意味がないと思っている。

しかも、印相や墓相は、明治になってから占い師が食えないと困るから、慌ててでっち上げたものらしい。「開運の印相」なんて、デタラメだということだ。

もちろん、本人の気が済むなら、一向にかまわないが、効果が怪しいものに大枚を払うぐらいなら、運気の良い土地に住んで、運気の良いパートナーと結婚するほうが、確実に運をつかめるだろう。

透視の鑑定の中でも、将来や恋愛と結婚の相談は多い。だが、私は、すでに婚約中の人でも相手が悪ければ、はっきり「やめろ」と言う。

婚約中の男性が、結婚式場の場所について相談にきた時も、透視は未来を視ることができるから、結婚後の未来を視たら最悪だったので、

「結婚はやめたほういい。絶対離婚するし、あなたもヤバいことになる」

と止めた。

彼は気付いていなかったが、相手の女性は、性格的に、かなりタチが悪かったのだ。それを懇々と説明したのだが、その男性は「そんなわけはない」と、結局、結婚してしまった。

あとで聞いたら、全財産を相手に取られて離婚し、スッテンテンになってしまったらしい。

こういうケースは、未来が当たっても全然嬉しくない。

カップルの相性は顔に出る

カップルが、長く持つか離婚するか、相性の良し悪しは、顔を見ればすぐにわかる。よく年を取っても仲がいい夫婦は顔が似てくると言うが、長く続くカップルは、もともと顔が似ているのだ。一つひとつのパーツが違っていても、笑い方とか雰囲気とか、同じような空気感をまとっている。大谷翔平選手と、奥さんの真美子さんを見れば納得するだろう。

逆に、似ていない夫婦は、並ぶと何となく違和感がある。男性の社会的地位も、奥さんを見れば大体想像がつき、こちらに〝違和感〟を抱かせるような奥さんと連れ添っている成功者はまずいない。

成功する人は、自分を上げてくれる相手を見極める目を持っているのだ。

「この人とうまくいきますか」という相談を受けた時、私が、相談者の顔と相手の顔を思い浮かべ、ピタッと合う感覚があれば、9割はうまくいく。

ただ、一人だけ例外がいた。このカップルはバツイチ同士だったのだが、めちゃくちゃ合っており、特に奥さんのほうが旦那にベタ惚《ぼ》れだった。

だが、ある時、気付いたら、旦那がどんどん痩せて、明らかにやつれている。どうしたのか聞いたら、奥さんが「浮気されたら困る」と、毎日5回、朝から晩まで求めてくるらしい。しかも、この夫婦、性格だけではなく身体の相性も抜群だったので、奥さんが「もっともっと」で、一向に回数が減らないという。

結局、旦那のほうがつらくなって別れてしまったのだが、これは〝合いすぎて〟ダメになった、レアケースだろう。

怖い〝ベコ〟

霊視の鑑定には、依頼者の健康や命に関わるものが、視えてしまうこともある。いくつか実例を挙げていこう。

20年近く前になるが、知り合いから、

「友人の子供が急におかしくなり、医者にも見放された。助けてあげてほしい」

という電話がかかってきたことがある。透視をしたら、戸袋とベコが視えたので、

「戸袋があって、そこに牛の置物があるはず。それを納めれば戻る」

と言った。さっそく戸袋を見ると、私が言ったとおりベコが置かれていて、すぐ納めたら、たちまち子供の熱が下がり、医者も驚いていたらしい。

そんなところに、誰が、いつ、何の目的で置いたのか、詳しいことは聞いていないが、祟りの元はベコだったのだ。

人形の家族

人形に関する相談もあった。

この依頼者も人の紹介で、本人とは電話でしか話していないのだが、

「隣の部屋から、ずっとゴチャゴチャ話し声がするが、そこには2体の人形しか置いていない」

というので、さっそく透視をしてみた。

すると、人形が置いてある部屋は、以前、座敷牢になっていて、そこで女の子が亡くなっていること、その子の年格好や名前もわかったので依頼者に伝えた。

私から言われたことを、曽祖母に当たる人に聞いたところ、重い口を開いて、昔、その座敷牢に、生まれつき精神薄弱だった姉妹の一人が、閉じ込められていたと明かしたそうだ。

その女の子は、結核も患っていたので、家族の誰もそばに寄らず、人形だけを与え

られ、それにずっと話しかけていたらしい。

「家の裏木戸からちょっと行ったところに、お寺があるはずだから、そこに人形を納めればいい」というアドバイスし、それで、一旦、収まったのだが、2週間後にまた電話がかかってきた。

「夜、寝ていたらガサッと音がして、襖《ふすま》を開けたが誰もない。押入れが気になって中を覗《のぞ》いたら、天袋から10数体の人形がいっぺんに落ちてきた」というのだ。

実は、それも女の子が遊んでいた人形で、〝家族〟としてセットで持っていたのだが、誰かに盗られると思って、天袋に隠したのだろう。

そのまま女の子は亡くなり、人形の存在は忘れられていたのだが、最初に発見された2体の人形が呼び水になり、〝残りの家族〟も出てきたのだ。

座敷牢といえば、10年ぐらい前、こんな話を聞いた。

関東のある地元の大地主が、90代の大往生で亡くなった。

その枕元に「自分が死んだら、これを開けろ」という封筒が置いてあり、開けると中には、どこかの家の鍵と地図が入っていた。

地図を辿《たど》ると、母屋から歩いて15分ぐらいの場所で、そこには小屋があり鍵を開けて中に入ると、見たこともない男性の老人がいたという。

実は、その老人は先々代の大地主の子供で、その家の長男。精神病を患っていたため、先代が小屋に閉じ込め、その存在を封印してしまったらしい。

長男の世話を引き継いだのは、次男――大往生した先ほどの大地主で、自分の妻や子供にも内緒で、何十年も一人で食事を運んでいたのだ。だが、自分が亡くなるとわかり、あとの世話を家族に頼んだ、といういきさつ。

まさに、事実は小説より奇なり。いちばんびっくりなのは、これが明治や大正、昭和初期の話ではなく、現代の話ということだろう。

私が生きている世界では、こういう信じられない話が入ってくるのだ。

「犬神様」について

最近は、そういった地方のエグい因習や風習について、ＳＮＳなどで紹介されているが、中には、今でも密かに続いている信仰がある。

その一つが、四国のある家に代々伝わる「犬神様」だ。

犬神様の御神体は犬の首である。犬を捕まえて首だけ出して土に埋め、飢え死にしそうなところで首を切って祀《まつ》り、餌をやる。

動物愛護協会が聞いたら、卒倒しそうな残酷な方法だが、その〝首〟がいろいろなものを呼んでくれるらしい。

だから、犬神様を祀っている家は、栄え、お金持ちになり、地元の名士だったりする。だが、そこの娘が婿を取ろうとしても、家にそぐわない男だと、皆、変死してしまうという。それだけ霊力が強いのだ。

多分、犬神様を考えたのは、私のような霊能に携わる人間だろう。どうすれば霊力を宿らせ、それを利用できるか、本物の霊能者なら考え出せるからだ。

まぁ、私は、頼まれても、絶対にやらないが……。

横溝正史の小説は実話だった

横溝正史の金田一耕助シリーズは、地方の大地主の家が舞台になっているものが多いが、小説の中で描かれている人間関係は、ほぼ実話だ。

彼が疎開先で見聞きした話を、時代設定や場所を変えて書いており、金田一と一緒に捜査する轟刑事をモデルにした名刑事も実在したらしい。

私自身、横溝の小説の題材になった家を何件か視たことがある。

最初のお宅は、家の敷地内にある、土蔵の鍵を探してくれという依頼だった。

鍵がないため、代々〝開かずの土蔵〟になっていたらしい。

家の地図を描いてもらい、土蔵を透視すると、中には、ガラクタしか入っていない。だが、地面の下に、人の形をしたものが3体埋まっているのが視えた。

それを、家の人に伝えると、「ああ、やっぱり。実はうちは、横溝正史の金田一シリーズのモデルになった家なんです」と教えてくれた。過去に因縁めいた話があったのだろう。

そう言われてみると確かに、母屋に対して、土蔵が変なところに建っており、家相上、あり得ない配置になっている。

要は、先祖の誰かが人を殺して遺体を埋めたあと、掘り返されないよう、カモフラージュとして無理やり土蔵を建て、さらに、誰も入れないよう鍵をどこかに隠してしまったのだ。

もちろん、今、その家に暮らしている子孫の人たちは、そんなことは知らない。

「土蔵を開けるな、壊すな、動かすな」

という三原則だけ、代々伝わっていたそうだ。

ある30代の女性に会った時、映画『リング』の貞子みたいに、井戸から人が出てくる映像が見えて驚いたこともある。

その女性は東京在住だったのだが、出身地を聞いたらA県だという。横溝作品のモデルになった、あの家かなと思ったら、当たっていて、しかも、その女性は、本家直系の子孫だった。

実家に、空井戸があるか聞いたら「何本もある」と言っていたので、その中の一本に何人か埋まっているのだと思う。

そのせいか、その女性はなぜか男運がないらしい。

「自分がいいなと思う男性とは、いつもうまくいかない」

とポソッと言っていたが、おそらく井戸の祟りが影響しているのだろう。

別の家系だが、結婚相談の依頼を受けたら、男性も女性も因縁のある家系で〝W崇り〟だったケースもある。

私が依頼を受けたのは女性のほうで、モデルみたいに綺麗な人だったが、会った瞬間「横溝作品に出てきた家の出身だ」と、すぐにわかった。

さらに、相手の男性を透視すると、こっちはこっちで座敷牢が視える。

代々、学者系の家ということだったので、精神病になった家族の誰かを、世間体を気にして閉じ込めてしまったのだろう。座敷牢から「出してくれ」と、助けを求めている人の映像がはっきり視えた。

「結婚は絶対やめたほうがいい。早く別れないと、ろくなことにならない」

そう断言したのだが、その女性は「彼のことが好きだから」と聞く耳を持たない。結局「別れる気はない」と言って帰ってしまった。

その後も、つき合っていたらしいが、しばらく経って、その女性を私に紹介した人から、

「小林さんの言ってたこと、当たったよ。彼女、大変なことになってる」

という連絡が来た。

何があったのか聞くと、彼と行った箱根の温泉旅行で、露天風呂に入った時、足を滑らせて顔に大ケガをしたというのだ。

すぐに東京の大病院へ行って処置をしたのだが、その時は、まだ「好きだから」と別れずに頑張っていたらしい。

でも、後日、治療の最終チェックか何かで病院に行くため、タクシーを待っていたら、左折してくる車に巻き込まれ、今度は大腿《たい》骨骨折。そこでやっと目が覚めた。

結局、この女性は別の人と結婚し、名字が変わったことで、自分の家の呪いからも解放され、今は普通に暮らしている。

ただ、この女性には妹がいて、未婚のまま、誰の子かわからないような子供ができてしまったと聞いた。しかも、祟りの噂《うわさ》のあるマンションに住んでいるという。先祖の呪いが解けないのだろう。

家系による呪いから逃れるためには、先の女性のように、結婚して姓を変えるのがいちばんいい。

改姓が無理なら、地元を出て別の場所に引っ越す。それでだいぶ変わる。

例えば品川区で祟られたら、大田区に移るだけでも違うし、県を超えて川崎や横浜、藤沢に行けばもっといい。極端な話、北海道の人が結婚して姓を変え、沖縄に移住したら、まず大丈夫と思っていいだろう。離れれば離れるほど、祟りは薄れるからだ。

私の知り合いで、子供の頃、名古屋に住んでおり、急に病気がちになり、12歳から17歳まで5年間、腎臓病で入院していたが、大学進学で東京に来た途端、元気になったという人がいる。多分、名古屋で住んだ場所が悪かったのだろう。

この知り合いのように、因縁のある家系でなくとも因縁のある土地に住むと、さまざまな問題が起こってしまう。なので、呪われた家や呪われた場所からは、一刻も早く逃げることをおすすめする。

弥生時代まで視えた過去透視

私は、過去透視もできるが、もっとも古いところで言うと、弥生時代まで視えたことがある。

よく「幽霊の寿命は400年」とか「過去は平安までしか視えない」と言っている霊能者がいるが、そんなことはない。

あるお宅に行った時、弥生時代の集落と思われる映像が視え、調べたら、近所にその時代の石碑が建っていた。

なぜ、弥生時代とわかったかというと、資料などに載っている、当時の服装や生活をしている人々が視えたからだ。

だが、私は、特に歴史に詳しいわけではないので、時代考証は難しく、特に、江戸時代から明治前後、昭和初期くらいの時代はわかりにくい。

都会ならば明治はこう、大正はこう、昭和はこんな感じと、服装や髪型でおおよその区別がつくのだが、地方に行けば行くほど、人々の格好は、明治も昭和もあまり変わらない。

男性は、チョンマゲかどうかの違いくらいしかないし、女性は昭和の初めぐらいまで、日本髪を結っている人もたくさんいた。子供に至っては、うちの母親が若い頃、九十九里に海水浴に行ったら、現地の子がフルチンで潜って遊んでいたらしい。そもそも、戦後までは、まだふんどしの人もいたので、服を着ていなければ、いつ頃なのかまったくわからない。

過去が視えても、それが、どの時代か判断するのは難しいのだ。

透視で人生を変える

視えたものは、ほぼ覚えていない

ここまで、さまざまな透視の実例を挙げてきたが、私の「視る」能力には、唯一、欠点がある。

視えたものを、ほぼ記憶できないのだ。

10視えても、1覚えていたらいいほうで、透視している間は、脳の回路が違うのだと思う。

実は、先ほど話した「怖いベコ」の話も、私自身は覚えていない。最近、たまたまこの件の関係者と会った時に、当時の透視のことを聞いたのだ。

「あの時は本当に牛の置物があって驚いた」と言われたが、「オレ、そんなこと言ったんだ？」と、まったく思い出せなかった。

こんな話もある。

私には、若い頃からつき合っている医者の友人がいるのだが、彼がまだ医学生の時、私に「オレは10年後どうなってる？」と聞いたらしい。すると、

「どこどこの駅前で、クリニックをやっている」

と、私は、かなり具体的に〝予言〟したというのだ。

そのあと、彼は地方の医大を出て、上京し、開業したのだが、病院の場所をいろいろ探して、たまたま決まったのが、当時、私が言っていた場所だった。

「小林さんの言ったとおりだったよ」と言われたが、まったく記憶にないので、自分でも不思議な気がしている。

昔、某電機大学の教授に、透視中の脳波がどうなっているのか測ってもらったことがあるのだが、透視を始めたら、脳波が止まって体温が下がり、血圧だけ上がってい

たらしい。

私自身の透視中のイメージを説明すると、大きな露天風呂の温泉に大の字になって浸《つ》かり、ボーッと無になって夜空を眺めているが、身体には微電流がピリピリ流れているような感じ。

そうすると、いろいろなものが視えてくる。

自分の子供は、どんな人と結婚をし、相手はどんな顔をしていて、将来はどうなっていくのか。先の先の映像まで、どんどん視えてくるのだ。

結婚をやめて最悪の末路を回避

私の透視によって選択を変え、未来が一変した男性もいる。

その男性は、A子さんという恋人がいたのだが、結婚してもいいかという相談だった。

でも、A子さんと結婚した未来を透視すると、彼が高い崖に立って飛び込もうとしている姿が見える。自殺しようとしているのだ。

それを聞いて、彼はA子さんとの結婚をやめたのだが、しばらくして新聞を読んでいたら、A子さんの実家があるトラブルを起こし、逮捕された記事がデカデカ載っていて驚いた。

相談者の男性からも「新聞、見た？　ありがとう」という連絡が来た。というのも、彼は、結婚したら、A子さんの実家の仕事を手伝うことになっていたので、あの時、別れなかったら、トラブルに巻き込まれ、自分も逮捕されていたという。

つまり、崖から飛び込もうとしていたのは、犯罪者として捕まることに絶望し、死を選ぼうとしている〝未来図〟だったのだ。

でも、今は別の人と結婚し、幸せに暮らしている。彼の未来は変わったのだ。

第4章

「祓う力」について

効力のあるお祓いとは？

私の除霊の師匠は、美輪明宏さんである。

美輪さんと出会った時、圧倒的なオーラにびっくりしたという話をしたが、そんな人から習うことができて、私は、ラッキーだった。

今思うと、クソ生意気だった当時の私に、よく教えてくれたなと思う。

美輪さんと初めて会ったのは、テレビ局内。ある番組の収録を裏から見学していたら、横に美輪さんが立っていた。ゴホンゴホンと咳《せき》をしていたので、こっそり身体を視ると、フッと、こちらに反応してドキッとした。

私の透視に気付き、反応したのは、美輪さんだけだったからだ。

そこで「えっ」と思って、すっと移動し、チラッと見たら、バチっと目が合い「お前だな？」という顔をされた。その瞬間「あ、この人は、わかっている」と確信した。

それ以来、美輪さんも私も亥年という共通点もあって気に入られ、霊能について、いろいろなアドバイスをしてもらった。

美輪さん以外に、誰かから教わったことはないし、「修行」に行ったこともない。というか、修行なんか、はっきり言ってやりたくない。山ごもりなんかしたら、お腹がすくし、寒いし、風邪も引くだろう。霊能の仕事は、ただでさえエネルギーを消耗するのに勘弁してほしい。

「苦行」ではなく「楽行」でいくのが、私のやり方だ。

お経も袈裟《けさ》も効果はない

宗教などで行う修行は、まっすぐ行けるところを、わざわざ遠回りをしていくようなものだと思っている。私は、目的地まで、最短距離で辿り着きたい。そのほうが、余計な労力を使わず、効率的でラクだからだ。

霊能の仕事を始める時、いろいろな人から、

「祟られたらヤバいから、山に登って寺でお札を取ってこい」

と言われたが、それもしていない。

むしろ、私は「寺を祓いに行く人」だからだ。


あるお寺のお坊さんが、3・11の被災地に行き、供養塔を立ててお祈りをしたのだが、そこで「もらって」きてしまったことがある。

「帰ってきてから具合が悪い」と、私のところへ相談しにきたので視てみると、水浸しの霊がたくさん憑いていた。

その上、供養も全然できていないし、自分の家庭も、ぐちゃぐちゃになっているという。「バカじゃないか」と言ったら「でも助けて」と頼むので、寺まで行ってお祓いをしてきた。

つまり、全部とは言わないが、お経も袈裟も、たいして効かないということだ。

ほとんどのお坊さんは視えていないので、言い方は悪いが、盲目の医者が手術しているようなもの。まともな供養やお祓いなんて、できるわけがない。

しかも、〝坊主の霊〟のお祓いは、もっともタチが悪い。強欲なくせに、偉そうに説法を説いていたような坊主は、邪念が強く、生きている時も、死んでからも厄介なのだ。

最近、墓じまいや散骨、樹木葬などの相談が多くなったが、どれも、まったく問題ないとアドバイスしている。

「墓じまいをしたら、ご先祖様が怒らないか」

と、心配する人もいるが、怒らないから安心していい。私も、墓参りは行っていないし、家族には、自分が死んだら、戒名もいらないと言ってある。

あと、形式的な地鎮祭もあまり意味がない。

ある建設会社の社長から、家を建てるので、土地のお祓いをしてほしいと頼まれたことがある。

昼間、どこかの神主さんに頼んで地鎮祭をやったらしいのだが、

「あれはつき合い。オレは一生ここに住むから、本気でちゃんとやってくれ」

と、まったく信用していない。土地に関わる仕事をしている人ほど、そういったものに効果がないことを知っているだろう。

なぜ、地鎮祭は意味がないかと言うと、形式的にやっているだけで、その土地の霊が本当に望んでいることをしていないからだ。

私は、土地のお祓いをする時、まず霊を呼び出し、何を食べたいか、何がほしいか、〝本人〟に直接、聞く。すると、魚が食べたいとか、おむすびが食べたいとか、酒でも、どぶろくが飲みたいとか言ってくるので、穴を掘って、霊がほしがっているものを埋める。

これは、すごく理に適《かな》っていて、生きている人間だって好みがあり、酒嫌いなのに

酒をもらったり、魚が好きなのに肉を振る舞われても、ちっとも嬉しくないだろう。霊も同じだ。

私は、好みに合わせたものをピンポイントでお供えするので、霊も、こちらの言うことを聞いてくれる。

ここまでやらないと、霊を鎮めることはできないのだ。

呪詛《そ》と呪物

いろんなところで話してきたが「生霊」は、ほとんどいない。

生霊がいたら、世界の独裁者や政治家たちは、とっくに呪い殺されているだろう。

生きている人間が、恨みつらみの念で人を殺すなんて無理なのだ。

だが、稀《まれ》に、本物の「呪詛」というものがあって、私も祓ったことがある。

バブル崩壊後、分家筋に遺産を取られそうになっているという、ある家の本家筋から依頼を受けた。本家の当主が、急に心臓を悪くして倒れると、分家から「私が当主だ」と言い出す人が出てきて、〝お家騒動〟が勃発したのだ。

倒れた当主を透視したところ、心臓は悪くない。

でも、ある部屋の映像が浮かんだので、跡取りの息子に「お宅にこういう部屋はないか」と、聞くと「それは親父の部屋です」と言う。

「その部屋の戸棚の奥に、木箱があって、その中に入っているものを納めてくれ」と伝えると、実際に木箱が置いてあり、開けたら黒くて小さな塊――猿の首が入っていた。それを納めたら、当主は奇跡的にV字回復し、分家に遺産を取られずにすんだそうだ。

この、猿の首は、完全に「呪物」である。後々、仕掛けたのは、分家筋の人間だと発覚したのだが、祓わなかったら、本家の当主は危なかっただろう。

メディアやネットで紹介される呪物は、ほとんどがマガイモノだが、全部を否定はしない。

なぜなら、私自身が霊能者であると同時に〝呪える人〟だからだ。

私がやっているのは、祟りや悪い霊を祓うことだが、除霊も呪いも、霊力を使うという根っこは同じで、いわば表裏一体の関係だ。

その力を、どっちの方向に使うかの違いだけなので、私もやろうと思えば呪物や呪詛で、誰かを〝祟る〟ことはできる。

陰陽師《おんみょうじ》や宗教的な文献には、そういった霊能力のさまざまなパターン＝技が記されており、先の「犬神信仰」もその一つだが、それらが伝承として、各地に伝わっているわけだ。

ＳＮＳ時代になり、都市伝説マニアやスピリチュアル界隈《わい》で、呪物や呪詛が改めて注目され盛り上がっている。だが、そこにこめられた霊能の本当の意味をわかっている人は、ほとんどいないだろう。

除霊のリアルエピソード

心霊トンネルの怪異

テレビの仕事をしていると、いやでも全国のいろいろな心霊スポットに行くが、ロケで危ない目に遭ったことは何度かある。

15年以上前の話になるが、Aというアイドルグループが心霊スポットに行くというので、山梨県のあるトンネルに同行した。この周辺には、太宰治がしばらく住んでいたという別荘もあり、観光地としても知られているが、かなり危ないスポットだ。

実は、その場所には、以前、『あなたの知らない世界』という番組でも来たことがあり、その時もヤバいなと思っていた。なので、正直、行きたくなかったのだが、仕事だからしょうがない。1回目に来た時から10年ぐらい経っていたので、トンネル内はだいぶ整備され、綺麗になっていた。

でも、トンネル内を車で移動していると、次々と〝顔〟が浮かび上がってくる。私の透視に間違いがなければ、そこは、武田信玄軍の砦《とりで》があった場所で、合戦で全滅しており、山の上に、死者たちの霊が染み込んでいるのだ。

トンネルの途中で、Aの3人がエンジンを切って車を止めたので、まずいなと思った。彼らの後ろにも変なものが視えている。

「今、(霊が)来ているからやめよう」

と言うと、彼らも怖がってすぐエンジンをかけようとしたのだが、案の定、かからない。そのままだと、私が、霊を受けてしまうので、その場で祓い、車も動くようになったが結構ヒヤヒヤした。

ロケの場合、霊の相手をして、出演者を守るのは私の役目なので、疲れるし、気も遣うのだ。

発見しそこねた徳川の埋蔵金

あと、心霊ではないけれど、2時間番組で、徳川家の埋蔵金探しをやった時に、面白いことがあった。

同じような企画で、別のロケ隊が群馬県の赤城《ぎ》山を探していたのだが、私は三国峠あたりが怪しいと踏んだ。

というのも、実は私は、ロケに行く前に、埋蔵金に関わったとされる、幕末の儒学者・林鶴梁《かくりょう》の墓に、リサーチを兼ねて訪ねている。全日空ホテルの裏に林一族の墓があるのだが、そこで鶴梁の霊を呼び出し、〝本命〟の場所を聞き出していたのだ。

さらに、三国峠の近くには、幕臣だった小栗上野介が斬首された地があり、地図を見ても感じるものがあったので、そっちに行くことになった。

しかも、昔は埋蔵金を埋める時は、坊主を数人連れて行き、斬り殺して一緒に埋めたらしい。誰も近付かないよう、坊主の霊に祟らせ、埋蔵金を守ろうとしたのだ。

目当ての場所に行くと、やはり坊主の霊が立っていた。山の中なのに金属探知機も、そこだけ反応するので間違いない。

だが、掘ろうとしたら、突然「待った」がかかった。

ディレクターが飛んできて、

「本当に出たら困るからやめてくれ」

と言うのだ。

理由を聞いたら、そこは国有地なので、こんなところを勝手に掘って、しかも、埋蔵金が出てきたら、自分のクビが飛ぶので、すぐに中止してくれと言う。

それじゃ意味がないじゃないかと、喧々諤々《けんけんがくがく》やり合ったが、番組は、結局、その部分はすべてカットして放送になった。

あそこで埋蔵金が出ていれば、歴史的な大発見になったかもしれないのに……。

７３１部隊の跡地で弾切れに

これまで、命の危険を感じた除霊が２回だけある。

１回目は、心霊番組のロケで、戸山公園（新宿区）にある箱根山に行った時だ。

ここは、昔から霊が出ると言われていて、現地に着いたら、確かに、すごい数の霊がいる。

箱根山は、戦争中に人体実験をしていた旧軍の７３１部隊があり、１００体以上の人骨が出てきているので、本当にまずい場所なのだ。

ロケ中も、次々と霊が湧いてきて、こっちはスタッフを守るため、ばりばりとゾンビを潰すように除霊していったのだが潰しきれない。

最後はとうとう弾切れをして、ロケバスに霊が乗ってきてしまった。それくらい霊の数が多かったのだ。

「霊が乗っちゃった」と言うと、皆、ビビってしまい、何も知らない運転手さんが

「おつかれさま」とドアを開けても、誰もバスに乗らない。

もう深夜だったし、このままだと帰れないので、仕方なく私が先に乗り込み、スタッフもあとから乗ってきたのだが、その時、背中あたりに霊が憑いてしまった。

その途端、重い荷物を背負ったようになって、家に帰っても疲れ切って動けない。その夜は、栄養剤を飲んで寝たのだが「このまま目覚めなかったら、オレ死ぬな」と思っていた。

でも、朝、フッと目が覚めたら、とりあえず生きていて、その日は、たまたま美輪さんのライブがあったので観に行ったら、開口一番、

「あなた、どこに行ったの？　憑いてるわよ」

と言われた。その場で祓ってもらい、ようやく楽になったのだが、美輪さんに会っていなければ危なかっただろう。

ただ、この時、一つだけ良かったのは、美輪さんの除霊を直接、見られたことだ。

美輪さんがポンポンと祓うところを、楽屋の鏡越しに見て、言い方は悪いが、やり方

を盗んだのだ。

プロは、盗む技術も持っていて、だから、腕を上げられる。最大のピンチを最大のチャンスに変えたわけだ。


私は、普段から霊が憑かない身体にしてあるのだが、この時は、さすがに限界だった。自分を守ろうにも、弾切れしたら、どうしようもできない。

ただ、今は、能力が上がっているので、無尽蔵に弾が撃てるようになった。この頃が10発だとしたら、今は1万発以上撃てるので、同じ状況になっても一瞬で全部の霊を潰せる。

自分の身を守るため腕を上げたのだ。

超ヘビーだった人柱の怨霊

あとの1回は、人柱の霊の祟りを祓った時だ。

除霊の中でも、最悪でタチが悪いのは、怨念の塊になった人柱の霊で、私も本気で身の危険を感じた。

祓いに行った場所は、広島のどこかで、整体をやっている人から来た依頼だったと思う。

その整体師さんによると、Dさんというお客さんに施術してから、自分も具合が悪く「Dさんに、何か憑いているんじゃないか」という相談だった。

とりあえず、本人と話さないとわからないので、私に直接、連絡するように言って電話をもらい、Dさんが「あのー」と言った瞬間、憑いているとわかった。

白装束を着た女性が、はっきりと視えたのだ。

でも、Dさん自身は、そんな女性に心当たりがないと言うので、現地まで行くことになった。

季節は夏だったのだが、Dさんの家に入ると、冷房も入っていないのに、ものすごく寒い。息を吐くと、白くなるくらい底冷えしている。

透視をしたら、Dさんの先祖は、そのへん一帯を束ねる、大地主の庄屋だとわかった。そして、村に橋を架けた際、中心になって人柱を行なったらしい。

人柱、つまり〝人身御供《くう》〟の記録は、全国各地の史実に残っている風習だが、神に祈願する目的で行なわれたもので、宗教的な意味合いも強い。

Dさんの先祖たちも、人柱を神に差し出すことで、災害や事故がなくなることを願い、まさか怨念となって祟るとは考えていなかったのだろう。

だが、人柱以降、その家系から、代々変死が続くようになった。家自体も、どんどん縮小し、当初は、人柱の場所から離れていたのに、現在は、人柱のすぐ近くに立地していた。

ただ、Ｄさんの代になった頃は、すっかり没落していたので、一家で東京に引っ越して、一旦、地元から離れたらしい。そのおかげで霊障は収まっていたのだが、Ｄさんは結婚を機に、またこの土地に戻ってしまったのだ。

そうしたら、成人して結婚したお子さんたちは、聞いたこともない病にかかり、全員が障がい者。嫁いできたお嫁さん以外は、まともに働けない状態だという。

それで、全員を祓うことになったのだが、始めるとすぐ、心臓の真後ろから鋭い力でグリグリと入り込まれそうになった。

ここで入られたら、こっちが死んでしまう。

「落ち着けばオレは勝てる」

と、自分を信じて戦ったが、まさに死闘だ。最後は、なんとか霊を鎮め、穴を掘って霊の好物を埋めてやり、除霊をすることができた。

だが、そのあと、どうやって家に帰ったのか、ほとんど覚えていない。

最寄りの駅に着いて、新幹線のチケットを買って、席について寝ようと思ったら急にガクッとオチてしまった。岡山あたりで弁当を買おうと思っていたのだが、気付いたら横浜で、その間、意識がなかったらしい。

完全にダウンしていたのだ。

大地主の家系は祟られやすい

人柱ほど危険ではないが、先祖が大地主や庄屋だった家系は霊障が多い。

夫婦揃《そろ》って原因不明の病気にかかり、病院に行っても治らないので、見てほしいという依頼を受けたことがある。

その夫婦は、北関東在住で、代々地元の名士だった庄屋の末裔《えい》、しかも直系の本家筋なのだが、家相も完璧だし、土地も悪くない。

でも、住所を聞いて家を透視したら、落掛で使用人が首を吊《つ》って死んでいるのが視えた。

大昔のことだし、夫婦も思い当たるフシがないというので、とりあえず「落掛に団子と干物を置いてくれ」と言っておいた。

すると、夫婦とも、すぐ回復したらしい。

おそらく何代か前の当主が、使用人をいびって自殺に追い込み、その事実が知られないよう隠蔽したのだろう。

結果、何も知らない子孫が祟られてしまったのだ。


自殺、もしくは殺された霊は、自分が死んだとわかってないことが多い。

自覚がないので、成仏できないのだ。

病気などの自然死の場合は、亡くなる2週間くらい前に、本人の後ろに背後霊のようなものが立つ。これが、いわゆる〝お迎え〟で、亡くなった時、死者がどこに行っていいかわからなくても、「こっちだよ」と道案内をして、あの世へ送ってくれる。

だが、自殺や非業の死を遂げた場合は、お迎えが来ないので、迷子になってしまう。

霊になると、時間の観念もないから、ずっとさまよい続け、この世に留まってしまうのだ。

人の霊ではないが、庄屋つながりで、こんなケースもあった。

場所は、高崎のほうだったと思うが、そのへんを仕切っていた庄屋の子孫の女性が結婚するから、視てくれと頼まれたことがある。

実は、彼女のお父さんの親は10人兄弟で、その頃は、かなり死に絶えていたのだが、生き残って結婚した兄弟も、子供ができないか、できても障がい児者しか出てこない。五体満足な子は、彼女の家のほか、2、3軒しかいないという。

透視で先祖を遡ってみると、明治に改元した頃、当時の当主が、そこの家で代々祀っていた石を「こんなもの迷信だ」とハンマーで叩き割り、欠片を全部、バラ撒《ま》いていた。文明開化の世になり、先祖代々のしがらみを断ち切りたかったのかもしれないが、石を壊してから、この家は、おかしくなってしまったのだ。

対処法として、その女性には、とにかく実家から離れろ、そして、結婚して姓が変われば問題ないと話すと、安心して帰っていった。

根本原因である「〝石〟の祟りをどうにかできないか」と、相談されたが、その土地は、すでに宅地化され、バラ撒かれた石がどこにあるのかわからないので、不可能だと伝えた。

こういった、手のつけようがない祟りは、少しでも携わっていると、ろくなことにならない。とりあえず「家」とつながりを切るしか、逃れる方法はないのだ。

余談だが、大物女優Oさんのご先祖は、ある地方の庄屋で、村人に火あぶりにされ殺されたらしい。

祖先を調べるテレビ番組で、それがわかったのだが、その地域では、未だに殺された庄屋さんを祀るお祭りをやっているという。

Oさんのご先祖は、祟られる側でなく、祟る側だったのだ。

そのせいかOさんは、本人に自覚はないと思うが、非常に念が強く、彼女と関わった男性は、早死するか、身体の一部を欠損している。唯一、二人の間に子供ができた相手だけは、Oさんと結婚している間、仕事の運気は下がったものの、ギリギリ無傷だった。子供が毒消しの役割を果たしたのだろう。

それくらい祟りの念は強い、時が経っても消えず、何代も下った子孫まで巻き込んで障りを起こすのだ。

オーロラでエネルギーチャージ

人柱のお祓いをした当時、私も、今ほど祟りに慣れていなかった。

なので〝丸腰〟のままやったら、絶対、負けると思い、実は、除霊前にエネルギーを上げるため、オーロラを浴びにアラスカへ行っている。そこでパワーチャージをしたおかげで、なんとか祓うことができたのだ。

オーロラが、なぜ霊感や霊力に効くのかというと、どちらもエネルギーが電磁波だから。〝霊の素〟は、間違いなく電磁波と湿気なのだ。

だから、オバケが出るところは、大概トンネルや船、森、あとは昔話によく出て来る柳の下など、水気のあるところが多い。

逆に、〝砂漠の幽霊話〟なんて聞いたことがないし、飛行機も、乾燥しているので霊は出ない。

以前、ある外資系の会社の人から「コンピュータールームで、女のうめき声がする」という相談をされたが、湿気のない場所だから「絶対あり得ない」と言った。

それでも「声が聞こえる」と怖がるので、「じゃあ、声が聞こえたら、自分で見に行ってみろ」と言うと、声の正体は、なんと部長と不倫していたOLの喘《あえ》ぎ声。

ウソのような本当の話で、生きている人間の声が漏れていただけだったのだ。

障りが起こりやすい場所

テレビ局の怪

テレビ局やスタジオで幽霊が出やすいのは、電磁波の塊だし、芸能人は霊感が強い人が多いので、どこかで憑いてきた霊を置いてきてしまうことが多いせいだと思う。

某テレビ局は、普段から霊障がひどく、夏場に、仮眠室で寝ていたディレクターが〝凍死〟したこともあった。エアダクトが破れていたのが原因らしいが、そんなこと普通はあり得ない。

やはり同じ局で、特番中、セットを組むために来ていた大道具の棟梁《りょう》が、エレベーター前で急死していたこともある。表向きの死因は心臓麻痺《ひ》だが、不可解だったのは、発見された時、黒かった髪が真っ白になっていたこと。

マリー・アントワネットがフランス革命中に捕らえられた時、ひと晩で髪が真っ白になったという逸話があるが、その棟梁も、髪が一瞬で白くなるくらいの恐怖を体験したのかもしれない。


私の友人も、その局で働いていたのだが、ある時、

「男が笑いながら、壁に消えた。来てくれ」

と、大騒ぎするので、祓いに行ったことがある。

局に入ると、昼間なのにバキバキ音が鳴り、霊体がスーッと近付いてきた。

「これは、ヤバい。本気でやらないと」と、スイッチを入れようとしたのだが、その瞬間、横にいた友人が、ウッといきなりひっくり返ってしまった。

「こいつ、殺されちゃう」と思ったので、首根っこをつかみ、無理やりエレベーターで降ろしたら、オバケを信じないやつなのに、

「心臓の後ろをグッとつかまれた。あれは絶対、人の手だった」

と、泣きながら怯《おび》えている。

とりあえず祓っておいたが、テレビ局は磁場が強い上に、その局は、場所も悪かった。目の前が大きな病院だから、そこの霊が、全部集まってきたんだと思う。

土地の呪縛

霊が出るところは、大体土地自体がよろしくない。

駅前の一等地なのに、なぜか店が潰れて定着しないという場所は、90％以上の確率で土地が原因だ。誰に貸そうが、どんな商売をやろうが、土地が悪ければアウトなのだ。

ある街の工場長から、自分の工場に「出る」から、お祓いしてほしいと頼まれたことがある。

中に入ると、突然、金属がバキンと曲がるすごい音がして、工場長もその家族も怖がって逃げ出してしまった。その土地は、墓地跡だったのだ。

そのため、工場を構えてから、霊障があるだけでなく、経営もどんどん傾いていったらしい。

お祓いをしたら経営は回復したが、店や工場を構える時は、その土地が過去にどんな場所だったのか調べておくべきだろう。

しかも、悪い土地というのは、地域一帯で固まっていることが多い。

私は、土地のお祓いの依頼を受けた時は、遠くても現地まで行くようにしているのだが、不思議なことに、依頼者は違うのに「前にもここに来たことあるけど、今回もここ？」と、同じエリアに呼ばれることがしばしばある。

前の依頼者の家から、50ｍくらいしか離れていない、目と鼻の先のご近所さんだったこともあった。

そういう場所は、ピンポイントではなく、その土地一帯が悪いのだ。大元が一緒なので、隣近所のあちこちで霊障が起こるのだろう。

何度も依頼を受けた霊障マンション

同じマンションの住人から、別々の部屋の依頼を受けたこともある。

知り合いが「引っ越してから、おかしい」と言うので、車で現地に向かうと、見覚えのある道に入っていく。

「まさか、あそこじゃないよな?」

と思っていたら、やっぱり、以前、お祓いに来たマンションだった。

1回目の時は、結構、有名な女性の占い師からの依頼で、最高の方位、最高の吉日に入居したのに、ここに住んでから、どんどん仕事が減っていくという相談。

透視をしたら、土地が悪く「ここはまずい、すぐ出ろ」とアドバイスしたら、すぐに引っ越し、事無きを得た。それで済んだのは、彼女がもともと運の強いタイプだったからだろう。

2人目の依頼人は、占い師とは別の部屋に住んでいたが、入居して、すぐにおかしいと気付いたらしい。夜になると、飼っている犬がわけもなく吠《ほ》え出し、本人も家にいると体調が悪い。でも、部屋を出ると、調子が良くなるといったことが続いていたそうだ。

結局、彼も引っ越しをしたが、このマンションも以前は墓地だった。

「ケチる人」「運が悪い人」は動けない

繁盛していたラーメン屋さんが、広い物件を買って店を移した途端、ダメになってしまったというケースもあった。

調べたら、移った場所は刑場跡。なんでそんなところと思ったが、売値が安かったらしい。前の店を売った値段より安く収まったので、その差額を懐に入れようと目論《ろ》んだらが、大失敗したわけだ。

しかも「最悪の土地なので動いたほうがいい。それができないなら、お祓いをするけど」と言っているのに、引っ越しも、お祓いも、お金がないから無理だという。

こういう人は、変なところでセコいのだ。

「家賃が安いから」という理由で、隣に墓地があるアパートを借りた知り合いもいた。やめろと止めたが、まったく私の話を信じない。

でも、ある日、風呂上がりに窓を開け、隣の墓地を眺めながら一服していたら、白い着物を着た女性が墓地の真ん中を歩いている。えっ？　と思ったら、立ち止まってこっちを見て、ニタァ〜と笑ったという。

それ以来、二度と窓を開けなかったそうだが、よせばいいのに、そのまま住み続けていた。すると、その知り合いは、結婚寸前の彼女に捨てられ、仕事もうまくいかなくなり、どんどんダメになってしまった。

ただ、先の料理人にしろ、この知り合いにしろ、悪い場所とわかっているのに動かなかったのは、本人の意志もあるが、多分に運もある。

先祖からの祟りと違い、土地の霊が人に憑き、そのまま離れなくなることはあまりないのだが、住んでいるうちに、身の内まで侵食されてしまうことがある。

そうなると、運が良ければ離れられるが、運が悪いと、本人が出たくてもズルズルその場所に縛りつけられてしまう。

これはもう、ツキがあるかないか。いろいろな人を見ていると、運が強くツキがある人は、先ほどの霊障マンションの住人のように、憑かれたとしてもタイミングよく引っ越すことができ、逃れることができるのだ。

あえて祓わなかった英霊

さっきも話したが、土地のお祓いをする場合は、まず土地の霊を呼び出し、何が欲しいのか聞いて、それを埋めてあげれば大体は鎮まる。

だから、お祓いというよりは、話し合いに近い。

「これをあげるから、おとなしくしてね」

と交渉するわけだ。

でも、そこで「NO」と言われたら除霊になる。

その場合は、本気で潰しに行く。「潰す」というのは文字どおりで、私のエネルギーで霊を潰し、土地から消してしまうのだ。

ただ、あえて祓わなかったこともある。

2・26事件の青年将校の霊が、NHKの101スタジオに出るというので、月刊

『ムー』の編集者と、内緒で取材に行った時だ。

廊下を歩いていたら、将校の霊が4体見える。そのうちの1体は私と目が合って、そのまま家まで着いて来たのだが、夜、渋谷に行ったら、スーッと軽くなって「ああ、戻ったな」と思った。

この霊は、あえて祓わなかった。心情的に、彼らのやったことを理解できるからだ。私も、あの時代に生きていたら、同じことをやっていたかもしれない。

NHKに、2・26事件の青年将校たちの霊が出るのは、すぐ近くの渋谷公会堂の横に慰霊碑があるからだろう。

そこは将校たちが銃殺された場所だが、彼らにとって聖地になっているのだ。

除霊の極意

お祓いは国籍も宗教も関係ない

霊は、エネルギー体だ。

私は、そのエネルギー体を、ある種の化学反応を起こして潰していく。だが、その技術を皆、持っていない。

除霊に、お経は効かないという話をしたが、キリスト教のエクソシスト（悪魔祓い）も、映画などを観ていると、下手だなと思う。

聖水をかけたり、聖書を読み上げたり、十字架をかざしたり、それを何日も、長い時は何年もやっているが、効率が悪すぎる。というか、効果がないから、いつまでもやっているんじゃないだろうか。

私の除霊は、正味5分だ。

居合斬りで、一瞬で勝負を決める。

外国人の霊だろうが、生前、どの宗教を信仰していようが、やることは変わらない。キリスト教徒でもイスラム教徒でも仏教徒でも、エネルギーとエネルギーの戦いなので、まったく関係ないし、霊との会話は、〝テレパシー〟で行なわれているので言語の壁もない。


ドイツのノイシュヴァンシュタイン城に行って、玉座の横に立つルートヴィヒ2世と話したこともある。肖像画よりも、小柄で細い印象だった。

彼は水死しているが、自殺か他殺か事故死か、未だにわかっていない。なので、どっちだったのか聞くと「殺された」と、本人は言っていた。

一緒に散歩していた担当医師に湖につき落とされたのだが、落ちる際、医師をつかんで引きずり込み、2人とも溺れ死んでしまったらしい。

なぜ、医師がルートヴィヒ2世を殺そうしたのか、そこまでは透視していないのでわからない。仮にわかっても、裏が取れるわけではないので、証明しようがないだろう。

その点、美輪さんとは、歴史的な事実や過去について〝答え合わせ〟ができるから面白い。

美輪さんは天草四郎の生まれ変わりと言われているが、会ってすぐ本当だとわかった。私が透視していた４００年前の原城――天草四郎が立てこもっていた時の情景と、美輪さんのそれが完全に一致していたからだ。

原城落城の際、天草四郎が吊るされている瓦版の絵が残っているが、あれは影武者の絵である。本物の天草四郎は、首を晒《さら》されたくなかったので、囲炉裏に顔を突っ込んで死んでいるのだ。

その時の様子を話したところ、美輪さんも同じものを視ているとわかり、大いに話が盛り上がった。

ただ、私は原城跡には行きたくない。テレビなんかで観ていても、かなりたくさんの霊が視えるので、あまり良い場所ではないだろう。どうしても行きたいなら、あえて止めないが、おすすめはしない。

除霊は真剣の斬り合い

先ほど、除霊は霊を「潰す」と述べた。

これは、例えるなら、映画『ターミネーター2』で、液体金属のターミネーターを溶かしてしまうシーンのイメージ。あんな感じで相手を溶かすのだ。

もしくは『宇宙戦艦ヤマト』の波動砲。ああいう一瞬で吹っ飛ばすエネルギーを出して、霊を完全に消滅させる。ゴキブリを根こそぎ退治する、バルサンをイメージしてもらってもいいだろう。

とにかく除霊は、真っ黒なものを、真っ白にしなくてはいけないのだ。

よく霊能者が、祟りを受けた、拾った、もらったとか言っているが、本当に受けたら死んでしまう。実際の除霊は、竹刀ではなく真剣と真剣の斬り合い。いわば殺し合いで、やるかやられるかしかないので、霊に〝入られて〟しまったら、終わりだ。刀で斬られたのに、無傷でいられる人間なんていないだろう。

だが、潰したあとの霊がどうなるのかは、わからない。

私は、宗教家ではないし、こっちも命がけなので、除霊のあとのことまで責任は持てない。供養とか成仏といったことは考えず、割り切ってやるようにしている。

「祟られている人」ほどやりがいがある

除霊でいちばん難しいのは、一瞬で潰すための馬力が必要なことだ。

それくらいの強烈なエネルギーを出せるようになるまで、私は2年かかった。

また、24時間、身体から金色のオーラを出している。これは美輪さんから聞いた方法なのだが、ゴールドは〝除霊の色〟なので、それを常に出し続けていれば、霊を寄せつけないようにできるのだ。

絵画に出てくる昔の聖人は皆、後光が描かれているが、あれも金のオーラを表現したものだと思う。当時の聖人は、除霊ができる能力を持っていたのだろう。

私は、今も、毎晩、トイレで目が覚めたら、手から金色のオーラが出ているかチェックしている。なぜ、そんなことをするのかというと、霊能者は寝ている時が勝負だからだ。

昔の剣豪が、夜、敵に襲われた時、枕元の刀を抜いて相手を斬って、鞘《さや》に収めたという逸話がある。寝ていても、殺気を感じることができたのだ。

普通はそんなことあり得ないが、寝ている時も、金色のオーラを出して身を守らないと、霊にとり殺されてしまう。私は、そういう世界を生きているのだ。

そのため、昔から寝つきは悪いし、不調も多い。妻からも「あなた、身体が平気な時ってないの?」と、よく聞かれ「1年のうち3日ぐらい」と答えているが、この仕事は、それくらい身体にくるのだ。

特に、除霊は、膨大なエネルギーを使うので、1回やると、ひと晩に20回エッチしたくらいヘトヘトになる。体力でなく精力を使うため疲弊が激しい。

私は65歳という年齢にしては、白髪もないし、見てくれは若いほうなのだが、使うエネルギーに比例して、肉体まで老けたら、多分1年も持たずに死んでしまうだろう。

なので、最近は、ハードな除霊の仕事は、セーブしようと思っているのだが「これはヤバい」という依頼が来ると、むしろ進んで引き受けてしまう。

これはもう霊能者のサガみたいなもので、「祟られている」ほど、やりがいを感じるのだ。

普通の恋愛より刺激のある恋愛のほうが盛り上がるように、お祓いも、失敗したら死ぬぐらいギリギリの線が面白いのかもしれない。

だから、何十年も、この仕事を続けられるのだろう。

だが、中には、私が祓うと迷惑がる人もいる。

毒舌で有名な関西のタレントのKが、ＤＶＤのロケで、有名な心霊スポットに行った時、霊が全然いなくて大騒ぎになった。Kは、視えないけれど、感じる人なので、いるかいないかちゃんとわかるのだ。

そして、誰かが「前に小林さんがここに来た」と言ったら、「あの人を呼んだら、ダメだよ、全部祓っちゃうから」と文句を言っていたらしい。

クレームをつけられても、困るのだが……。

第5章

「霊力」を上げるには

霊感を鍛える方法

霊能力は遺伝的要素が強く、先天的なものが大きい。持って生まれた素質次第で、苦行や修行をやったから身につくものでもない。だから、私はこれまで、自分のやり方を誰にも教えず、弟子も取らなかった。伝えられるものではないし、除霊ができないのに下手に霊力だけ上がってしまうと、悪い霊に憑かれやすくなり、危ないからだ。

だが、霊に憑かれる危険性があるなら、それをなくしてしまえばいいのではないか。そういう発想の転換をして、今年（２０２４年）、実験的な意味を込めて、10人ぐらい参加者を募り、霊感を上げる方法を伝達する、基礎初期編講座というのを１年かけてやってみた。

そこで、最初にやったのは、参加者たちの除霊だ。

彼らに変な霊が憑かないよう、バリアーを張る。ここがポイントだ。

やり方は、私の遺伝子——除霊ができるエネルギーを彼らに入れて、脳のプログラムを変え、免疫をつくってしまう。かなり専門的で特殊な技なのだが、これを行なうことで、ようやく教えることができるようになった。

そうしたら、まったく霊感がなかった人が地図を見て、パワースポットがどこにあるか、当てられるようになってびっくりした。

霊感ゼロの人間も、ポイントを押さえて教えれば、霊力が鍛えられ、ある程度のレベルまでいけることがわかったのだ。

同時に、霊感を高めるため、山にこもって修行したり、断食したり、宗教に頼る必要はないことを、改めて証明できたと思っている。

そもそも、煩悩を消すために修行をするというが、煩悩のない人間なんていない。

ただ、誰でも、集中力はある。

人間は、日常生活の中で、本気で集中する瞬間というのが2つあって、1つ目はお腹かが痛くなってトイレを探す時。2つ目は、男性限定になるが、隣に好みの女性がいて口説いていている時。人間は、その瞬間、ものすごい集中力を発揮する。

「トイレ」と「女」なんて、ふざけていると思われるだろうが、「煩悩を消す」より、よっぽど現実的ではないだろうか。

また、落下する時、スローモーションで周りが見えるというが、あれも極限状態で発揮される能力だろう。助かりたい一心でお尻に火が点くと、人間の集中力は限界を突破し、普段ならあり得ない力、眠っていた潜在能力のスイッチがオンになる。

霊感を上げるには、そのスイッチの切り替え方を習得すればいいのだ。

ただ、祓う力だけは、私も教えられない。

除霊は、例えるなら、渋谷駅の雑踏の中で落ちた、1枚の10円玉の音を聞き取るようなもの。そこまで集中するのは、どんな訓練を積んでも、まず無理だろう。

筋トレと同じで、やり方を間違えなければ、パワースポットを見つけるくらいの霊力はつけられるが、そこから上は、やはり先天的な才能がないと上がれないのだ。

私の場合は、いいのか悪いのか、もともと霊能の素質を持ち合わせていた。手相にも「霊能者」の線というのが刻まれていて、いろいろな本で調べたら、1万人に1人いるかいないかのめずらしい線だという。

確かに、自分以外で、この線を持っている人に会ったことがない。

誰でも霊感が上がるタイミングはある

だが、霊体験がまったくない人でも、一時的に霊感がフッと上がる時がある。

身内が亡くなった時だ。

人間は、自然死の場合、魂が〝あの世〟に行くのだが、その際、ほんの少しだけ、この世に魂の欠片が残る。それを、身内がキャッチするのだ。

霊感がない人でも、親や兄弟、祖父母が亡くなった時、故人が夢枕に立ったり、虫の知らせがあったり、何らかの霊体験をする人が多いのは、そのため。

一方、夫婦や恋人、友達は、生前どれだけ関係が深くても、霊体験は起こらない。〝欠片〟に反応するのは、DNAがつながっている血縁者限定なのだ。

だから、変な話、もともと霊感の強い霊能者は、身内が亡くなれば亡くなるほど、能力が上がっていく。能力と引き換えに孤独になっていくわけだ。

そう考えると、霊能者以外の人は、わざわざ自分から霊感を上げる必要はないと思う。途中から、急にそんな能力を持ってしまうと、免疫がないため、適応できず、つらくなってしまうからだ。

私は、霊能の世界の人間だから、身内の死も現実的に受け止められる。普段から人の死を身近に感じているので、自分の親が死ぬとわかっても、冷静に自分のリズムで生きられるのだ。

でも、普通の人は、突然、見えざるものが視えてしまったら、おそらく耐えられないだろう。しかも、自分だけがそれを感じており、人にも言えず、ひとり悶々《もんもん》と苦しむことになる。

霊感がないならないで、そのまま生きているほうが幸せなのだ。

思い込みのエネルギー

霊感とか霊力というと、特殊能力のような気がするが、〝気〟、もしくはエネルギーと捉えると、ぐっと馴染《な》みがあるし、わかりやすいのではないだろうか。

そして、エネルギーを上げることは、方法論を間違えなければ誰でもできる。

例えば、お腹が痛くなった時、誰かにさすってもらうと痛みが和らいだりする。エネルギーを流したことで、内臓の働きが良くなったのだ。

こういった力を、自分の意思でコントロールできるようになれば、エネルギーは上げられる。

そんなこと無理だと言う人もいるが、無理と思うから無理なのだ。やる前からできないと決めつけていると、その思いがストッパーになり、能力が止まってしまう。私は、「できない」という発想はしない。すべて「できる」という前提でやっている。要は、イメージトレーニングで、誇大妄想狂かってくらい思い込んでしまえる人間はいちばん強いのだ。

アスリートは、それを実践しているから結果を出せる。大谷選手もそうだが、勝ち続ける選手というのは、「絶対できる」というイメージを訓練によってコントロールし、現実化するスイッチを手に入れた人たちなのだ。

それを独自の「型」にしている人もいる。王選手なら一本足打法がそうだし、野茂ならトルネード投法がそれに当たるだろう。

どんなジャンルでも、一流と呼ばれる人たちは、「オレにはオレのやり方がある」という、成功の「型」を持っているのだ。

背後霊のペアリング

「自分の背後霊を上げる方法はあるか」。

そういった質問をされることもあるが、不可能ではない。

ただ、普通の人は、99％、身内の霊が背後霊になっている。

あとは、引っ越した土地にサムライがいればサムライの霊が、商人がいれば商人の霊が憑くこともあるし、自分の霊力が上がることで、背後霊のレベルが上がることも十分あり得る。

私も、渋谷で〝背後霊〟が憑いたことがある。

友達とお茶を飲んでいたら、いきなり知らない霊が私に降りてきて、その友達も〝視える〟人だったので「あんた、今、なんか降りてきたよ」と、すぐに気がついた。

なんで私に憑いたのか疑問だったので、美輪さんに聞いてみると、

「神様が選ぶから、しょうがないよ」

と言われた。背後霊は、自分が選ぶものではなく、向こうから勝手に来るものだから「あきらめなさい」というのだ。

ただ、最近になって霊力が上がったせいなのか、自分から背後霊を選べるようになった。

この霊に憑いてもらいたいなと思って、

「そこにいるの、ちょっと僕のところへ来てよ」

と呼ぶと、「いいよ」と〝憑いて〟くれる。ウソみたいな話だが、〝ペアリング〟できるようになったのだ。

運気を上げたヒトラーのチョビ髭《ひげ》

背後霊は、何人も憑いているので、中には変な霊が混ざっている人もいる。

ヒトラーは、映像で観ると後ろが真っ黒になっている。これは、いわゆる「悪魔」

が憑いているということで、光を吸ってしまうような漆黒の闇を感じた。

悪魔と悪霊の違いは、調べていないのでわからないが、ヒトラーは、もともと霊能の力があり、力があるがゆえに、変なものに憑かれてしまったのだろう。

彼のお母さんの写真を見ると、霊感の強い目をしているので、霊能力は遺伝性かもしれない。そうじゃなければ、まったく無名の人間が、わずか数年でドイツ国民を心酔させ、天下を取るなんてあり得ない。

彼は演説している時の声と、実際の声も違うので、おそらく、ある時期から何かが取り憑いたのだと思う。

あと、トレードマークの〝チョビ髭〟も、カリスマ性を出すのに役立っている。チャップリンもそうだが、チョビ髭は、人相学的に運気が良い。人相や顔相もバカにならないのだ。

「血」は争えない

殺す顔、殺される顔

顔相といえば「人を殺す相」というのはある。

「こいつ、やりそうだな」と思う人は、親を見ると、全員ではないが、やはり〝殺す顔〟をしている。

「殺される相」というのもあり、そういう人は、やはり親も生命力のない顔をしていたりするから、遺伝的原因があるのかもしれない。

ただ、私は、本人に「あなた、殺される相を持っていますよ」とは言わない。差し障りがあるし、怯えさせるだけなので「人間関係に注意してください」と、アドバイスするようにしている。

「殺す顔相」を持っている人にも、もちろん何も言わない。聞かれてもいないのに、わざわざ「あなた、人殺しの相ですよ」なんて言う必要はないし、そういう人は下手に関わると面倒くさいことになる。こちらが用心して、距離を置くだけでいい。

「人殺しの相」と同じように、ヤクザ顔やヤンキー顔、役者顔など、さまざまな顔相があるが、生まれつきかどうかは人によって違うと思う。

生まれた時の顔を見ていないのでわからないが、〝ヤクザ顔の赤ちゃん〟なんていないので、途中から特定の「相」が出てくるパターンもあるのだろう。

〝スケベ顔〟で病院のトップに

「旦那が、風俗にハマってどうしようもない」。

あるご婦人から、そんな相談をされ、旦那の写真を見たら、元大阪府知事の横山ノックさんそっくりだった。

「これはダメです。旦那さんは、典型的な〝スケベ顔〟です」

奥さんには、そう伝えた。スケベ顔は〝先天性〟の要素が強く、変えようがないのだ。

その旦那も、女性のアソコが見たい、触りたいという一心で、頑張って産婦人科医になり、ある大病院のトップになってしまった。

それで大手術のあとは、興奮状態だから風俗に行く。しかも、気に入った風俗嬢が店を辞めたら、その女性の出身地を調べて探し回るほど、入れ込んでしまうらしい。

「どうにかなりませんか」と、頼まれたが、ここまでハッキリ〝相〟に出ていると難しい。

ただ、自宅を透視したら、もともと誰かの愛人の別宅で、そこに引っ越してから、旦那のハマり方がひどくなっているのがわかった。愛人の怨念で、スケベの相に拍車がかかってしまったのだ。

これを祓えば少しはマシになるかもしれないが、顔相自体は、持って生まれたものなので、どうしようもできない。

でも、どんな世界でも「好きこそものの上手なれ」で、競争の激しい医者の世界で、ここまで出世したのは、たいしたものである。

私は、自分の子供にも「何でもいいから、好きなことをやれ」とだけ言っている。大成するかどうかは別だが、好きなことをやっていれば、とりあえず生きているのが嫌になることはないだろう。

世襲の功罪

顔相もそうだが、血のつながりが及ぼす影響は、かなり強いと思う。

学者の家系は学者が出やすいし、医者の家系は医者を輩出する。もちろん環境もあるが、どちらも、遺伝による資質は大きい。

ただ、血脈によって綿々と受け継がれていく世襲制は、どの世界もリスキーだ。

歌舞伎界も、血のつながりが多すぎて、どこに石を投げても親類縁者になってしまう。「血統を守る」という伝統があるのだろうが、血が濃いのは、やはりよろしくない。まったく違う血を入れて、新陳代謝するべきだろう。

さらに、親戚同士で同じ地域に住み、近親婚を繰り返すと、より閉鎖的になり、家系による祟りや因縁といった問題が起こりやすくなる。

人間関係にしろ、霊的なことにしろ、血が濃くなると弊害が大きいのだ。

また、神社仏閣の世襲制度は、血とは別の意味で、よろしくない。

4章でも述べたように、霊力もないお坊さんが上げる、お経や戒名には、何の効力もない。なのに、それをそっくり受け継ぎ、〝坊主丸儲け〟を代々続けていれば、どんどん質が下がるだけだ。世襲＝悪しき習慣の典型だろう。

その一方、日本人の感性は、血の濃さで培われた側面もある。

縄文人は、現代人よりも霊的な力が強く、ヒーリングによる治療にも長けていた。

だからこそ、彼らは生き残り、縄文時代が1万年もの長きにわたり続いたのは、近親婚によって霊力の強い血が、綿々と色濃く受け継がれたおかげだろう。

沖縄にユタが根付いているのも、島でほかの血が入りにくいため、霊能力の純度が保たれたからだと思う。

そう考えると、日本自体、大きな島国で、ヨーロッパなどの大陸に比べて、他民族との血の交わりは圧倒的に少ない。それゆえに、独自の感性や感覚が育まれたのだ。

第6章

「運気」を上げよう

運気を左右する〝アゲ〟と〝サゲ〟

私自身、決して運がいいほうではない。中学、高校、大学の受験も就職試験も、全部、失敗しており、第一志望など、かすったこともなかった。

だが、持って生まれた能力を磨き、経験を積み、結果を出して、今は、この世界で第一人者になることができた。

才能を生かすも殺すも、自分次第なのだ。

霊能力は、誰でもすぐに上げられるものではないが、「運気」は、日々のちょっとした行ないや、考え方、知識で、誰でも上げることができる。

そのためには、まず、今の自分、もっと言うと、今日の自分は、運気がいいのか悪いのか、日々チェックしておくといいだろう。

やり方は簡単で、電車に乗って車内を見回し、自分の好みの人がいるかどうか探すだけでいい。好みの人がいれば、その日は運気がいいし、全然見つからなければ、運気が良くない日ということになる。

あとは、テレビをつけると、すぐに好きなアイドルや俳優が出てくる、バーゲンに行ったら、安くていい物が手に入る等々、運気の良し悪しを見分ける方法はいくらでもある。

そこで、運気が良い兆候があれば、そのままで問題ない。だが、例えば電車に乗っても、ごはんを食べに店に入っても、腐敗臭がする人が近くに来るとか、不快な人に会うとか、明らかに負の兆候があるなら、その場所を離れたほうがいい。悪い運気を一旦、断ち切り、リセットするのだ。

人には、持って生まれた「運」があり、それは変えられない。

別の著作でも書いたが「運」は、その人の〝エネルギー〟であり、持っているエネルーが大きければ運が良く、小さいなら運が悪いということになる。

だが、運が悪いからといって、がっかりすることはない。

例えば、生まれつき虚弱な人でも、栄養のあるものを食べ、基礎体力を上げるトレーニングをすれば、スタミナ不足を補い、丈夫な身体に底上げできるだろう。

運も同じで、私は、運が悪い人には「運の良い人」＝〝アゲ〟の人とくっつきなさいとアドバイスしている。そうすれば「運」＝エネルギーを補完し、運気を上げることができるからだ。

同時に、運気を吸い取る〝サゲ〟の人には、絶対、近付かないようにしなくてはいけない。こっちのほうが、より重要だろう。

サゲの人は、一緒にいるだけでエネルギーを奪っていくので、うっかり関わると、運気が上がるどころか、どんどんこっちが干《ひ》からびてしまう。

私は、仕事柄、ピンキリでさまざまな人に会うが「こいつヤバいな」と感じたら、身体が反応するのですぐにわかる。部屋が暗くなると、自動的に電気が点くように、サゲを瞬時に感知する、オート仕様になっているのだ。

そういう能力がないと、この仕事はやっていけない。


だが、ざっくりだが、誰でもアゲとサゲを見極める方法はある。

飲食店に入った時、あとから、どんどん客が来て混んでくる人はアゲ、逆に空いていく人はサゲ。人は無意識に、エネルギーがあるところに集まり、エネルギーを吸い取る人（もしくは場所）から、離れようとするからだ。

あとは、そばにいると、気温は変わっていないのに、なんとなくひんやりする人も要注意。すぐに離れるべきだろう。

どんなに好みの相手でも、サゲとつき合ったり、ましてや結婚なんかしたらアウトだ。人生が〝詰んで〟しまうので、深みにハマる前に、先に挙げた方法で確認してほしい。

ちなみに、アゲの子供がアゲになることはないのだが、サゲの子供はサゲになる。

もっともわかりやすい例は、お市の方と淀君の母娘だろう。お市の方が嫁いだ浅井長政、柴田勝家は死んでしまったし、淀君は豊臣家を潰してしまった。

サゲは遺伝するのだ。

お札の顔は「勝ち組」がいい

あと、〝お札の顔〟にも、アゲとサゲがある。

今年（２０２４年）、７月に、新札に切り替わったが、一万円札は「坂本龍馬」がいいという声も多かったらしい。だが龍馬は、絶対ダメだ。

日本人が大好きな幕末のヒーローでも、30代で暗殺されて死んでしまった〝運のなさ〟は、お札の顔としては、完全にサゲだからだ。

また、旧札の千円札の野口英世は、借金を踏み倒しているし、五千円札の樋口一葉は、24歳の若さで亡くなった薄幸の人である。そういった運のない人を〝顔〟にすると、お札の運気が下がり、景気が悪くなってしまう。

それに比べると、新札の顔ぶれは、ずっと良くなった。特に、一万円札の渋沢栄一は、完全な「勝ち組」で運が良いので、日本の景気も少しは上がるだろう。

渋沢栄一のことを「愛人をいっぱいつくったヤツを、お札にするなんて不謹慎」という声もあったらしいが、当時のおエラいさんは、愛人がいるのは当たり前。それだけの甲斐《かい》性と馬力があるのは運が強い証拠だ。

日本の経済を担う一万円札の顔として、十分、アゲだと思う。

運が爆上がりするパワスポとは

パワーのある土地に行って、プラスのエネルギーをもらう。それも、運気を上げる効果的な方法だ。

そのため、パワースポット巡りは、今や日常の娯楽や文化になっている。

だが、本当にパワーをもらえる場所はどういう場所か、理解している人は、案外、少ないんじゃないだろうか。

人気スポットにパワーがあるとは限らない

例えば、高尾山、成田山、明治神宮、伊勢神宮、出雲大社といった、超有名パワースポットは、ほかの人は知らないが、私はパワーを感じなかった。

一つひとつを透視したわけではないので、実際、どれほどのパワーがあるのかわからないが、伊勢神宮に関しては、江戸時代、大ブームになった〝お伊勢参り〟には、別の顔があったのをご存知だろうか。

当時、お伊勢参りの旅は、通行手形が下りやすく、子宝にも恵まれるということで、誰もが憧れた一大イベントだった。

だが、子供がほしくて旅に出た女性の中には、道中、男性を誘う人もいた。そこには両者の暗黙の了解があって、帯の色によって「私はＯＫ」という合図になっていたらしい。

すると、どうなるか。行きずりでも、子供ができれば「お伊勢さんの効力があった」となり、それが広まって、ますますお伊勢参りが盛んになった…というわけだ。これは、史実にもちゃんと残っている。

秩父夜祭なんかも、昔は大乱行をして、父親が誰だろうと、子供ができれば皆でお祝いをしたらしい。

当時は「女は子供を産まなければ一人前じゃない」と、現代よりずっとシビアな時代だったので、裏事情は伏せられ、「子宝のご利益」の部分だけが伝わり、「安産祈願」の場所、もしくは風習として語り継がれていった。そんな歴史は、日本全国にいくらでもある。

もちろん、ちゃんとしたところに行けば運気は上がる。だが、有名スポットが、必ずしもパワーがあるとは限らない。地元の人しか来ないような近所の小さな神社のほうが、ずっと効果があり、ご利益をもらえることもあるのだ。

防犯カメラに映っていた黒いもの

では、教会はどうか。

実は、意外と良いか悪いかの差があって、昔、芸能人が盛大に結婚式を挙げて有名になった、ある教会は、ちょっと曰くつきだった。

うちの娘を、その教会がやっている幼稚園に通わせようと思い、連れて行ったら「ここはイヤだ」と言う。娘は、霊感が強いので、何か合わないものを感じたのだろう。

また、教会のすぐ横にあるレストランに入ったら、お洒落《しゃれ》で明るい雰囲気の店なのに、重苦しくなって、すぐ出てしまった知り合いもいる。

調べたら、その教会を含めた周辺一帯は、戦後、主に米兵の遺児を預かる、託児所になっていたらしい。それ自体は悪いことではないが、エネルギー的にはあまり良い土地柄とはいえないだろう。

教会関係の霊が、完全に「映ってしまった」こともある。

何年も前のことだが、月刊『ムー』の編集部に「毎晩、変な人が家に来るので調べてもらえないか」という話がきたので、そのネタを巻頭のカラー4ページでやろうということになった。

最初に、「変な人」のことを言い出したのは、その家のおばあちゃんで、家族はボケが入ったのかと思っていたらしい。でも、玄関に設置した防犯カメラを4～5倍くらいコマ落としをして見たら、確かに、黒っぽい変な人が映っている。

そこで、いろいろ調べていくと、今はもうないけれど、その家の近所にかつて教会があったことがわかった。そこには、聾唖《ろうあ》のシスターがおり、戦争中、被災したそのシスターが、先の家のあたりまで逃げてきて、敷地内の階段で亡くなっていたのだ。防犯カメラの映像をさらによく見ると、〝黒っぽい変な人〟は、確かにシスターの格好をしており、しかも、カラーでしっかり映っている。こんな貴重な〝心霊動画〟は、滅多にない。教会があったという裏もしっかり取れているので、事実をそのまま書くことになった。

だが、いきなり取りやめになった。「ここまでリアルなのはまずい」と、編集長がダメを出してしまったのだ。

結果、ボツになり、巻頭カラー4ページの企画は、丸々飛んでしまった。

黒又山の過去透視

神社でも、お寺でも、教会でも、本当にパワーがあるところは、霊力の高い霊能者の骨や遺髪が埋まっていて、そのエネルギーが残っていることがよくある。

秋田の黒又山は、そういう場所で、私の過去透視が正しければ、大昔、山の頂上で能力のある人間が、たくさんの人たちの身体を治していた。そのエネルギーが土地に残っているので、あそこは石でも落ち葉でもパワーが宿り、持って帰ると運気が上がる。

私も、大きなゴミ袋を何袋も持って、黒又山の石や落ち葉をガンガン拾うツアーを行なったことがある、知らない人が見たら、相当、おかしな集団だっただろう。

実際、黒又山は、山頂の地下10mの地点に、何者かが埋葬されているであろう、空洞と石棺のようなものが地中レーダーで発見されていて、黒又山全体が石で造られた、7段から10段のテラス構造になっていることが確認されている。

実は、その時の調査をやった人と、月刊『ムー』の関係で一緒に黒又山に行ったことがある。私は、それが初めての登頂だったのだが、透視をして階段や石塔がどこにあるか説明したら「調査結果と同じだ」と驚いていた。

そして「2週間もかけて、地中レーダーで調べたのに。オレの2週間を返せ」と真顔で言っていた。

これは、過去透視が、科学的に証明された一例だろう。

パワーの感じ方は人それぞれ

あと、驚異的なパワーがあるのは、中尊寺内の某神社。

安置されている、奥州藤原氏四代のミイラが異常なエネルギーを放っていて、私は、〝エネルギーあたり〟をすることは滅多にないのだが、頭が痛くなってしまった。

同じようにエネルギーが強いのは、お札の話にも出た、渋沢栄一のお墓。

「近代日本経済の父」と言われたのも納得のエネルギーが今も残っており、お酒ならお猪口《ちょこ》一杯でひっくり返るぐらい、そのパワーは強烈だった。

ただ、わざわざ山に登ったり、遠くの神社などに行かなくても、パワースポット巡りはできる。というのも、パワーをもらえる場所というのは、簡単に言うと、自分と相性が合う場所だからだ。

神社仏閣に限らず、公園でもお店でも路地裏でも、「ここに来ると気分がいい」と、ピンポイントで感じる。それが自分にとって「相性のいい場所」＝パワースポットだ。

でも、感じ方は人それぞれ違う。

皆が、「A神社は運気が上がる」と感じても、あなたは、B神社のほうが「気分がいい」と感じるかもしれない。

感覚の違いは味覚と同じで、お酒でも、ビール好きかワイン好きかで分かれるように、好み＝相性があるのだ。

また、繊細な味がわかる人もいれば、バカ舌もいるだろう。例えパワーのある場所でも、皆が皆、それを感じられるわけではない。

なので、私は「なんとなく感じる」とか「体がちょっと軽くなる気がする」くらいの感度でいいと思う。

そのセンサーを意識していれば、パワースポットの発掘はいくらでもできる。

ご縁があるかどうかも相性のうち

私は、宗教的なものをあまり信用していないが、神社やお寺にお参りに行くし、お札やお守りなどの、パワーアイテムも持っている。

信仰心がなくても、相性が合っていれば、確実に効果があるからだ。

私にとって相性が良かったのは、浅草寺のお寺の一つ、待乳山聖天。

ここでは、節分の日に「立春節分厄除長札」が授与されるのだが、ある時、お客さんから「こんなの知っている？」と、その札をいただき、試しに貼ったら、その年に本を3冊出すことができた。

そこをきっかけに、仕事が軌道に乗ったので、今も毎年、事務所と自宅の両方にお札を貼っている。

あと、私は〝熊手〟と相性がいいらしく、飾ってから、運気が良くなった。なので、毎年、酉《とり》の市の日は、お客さんを連れて鷲《おおとり》神社に行く熊手購入ツアーを行なっている。


逆に、穴八幡宮の「一陽来復御守」のお札は、効果があると有名で「あそこは効くよ」と、すすめられたが、私には効かなかった。

ある年に買ってみたのだが効果がなく、2年目にもう1回試そうと買いに行ったら、今度は財布を忘れてきてしまった。これはもう、やめろということだなと思って、それ以来、買うのをやめている。

ご縁があるかどうかも相性のうちで、実際に行ってみないとわからない。

だから、私は、おいしいケーキ屋を食べ歩くように、いろいろな神社やお寺に行くようにしている。そして、効果を感じたところのお札やお守りは、全部買って複数持っている。そうやって運気を高めているのだ。

本当に危ない〝サゲ〟スポット

人間にアゲとサゲがあるように、土地にもアゲとサゲがある。サゲの場所に行ってしまうと、運気が下がるだけでなく、場合によっては、病気になってしまうので注意が必要だ。

墓地跡や刑場跡、大勢が事故死をしたり、殺された場所は、間違いなくサゲなので、用がないなら、近付かないほうがいいだろう。

わかりやすいところだと、鈴ケ森刑場跡は本当にヤバい。

〝首〟が普通に飛んでいるし、夜にデジカメで写真を撮ろうとすると、シャッターが降りない。仕事以外では、行きたくない場所の一つだ。

一方、「将門の首塚」は、心霊スポットとして祟られていると言われているが、実はそこまで危なくない。というのも、今は寝ている状態で、怨霊は完全に封印されているから、祟ってもいないし、守ってもいない。

京都最恐の怨霊とされる、崇徳天皇を祀った「崇徳院廟」も、写真を見る限り、悪いものは感じなかった。

そういった、誰もが知っている心霊スポットよりも、ずっと危険な〝最凶スポット〟が都内にはいくつもある。

具体名は出さないが、都内の一等地にある、高級マンションやショッピングモール、ビジネスビルが立ち並ぶ再開発地区も要注意スポットの一つ。

私の依頼者が、そこの一角にある高層ビルのワンフロアを事務所として借りる予定だというので、「あそこを借りたら、会社が潰れるか、人が死ぬからやめろ」と、すぐに止めた。

契約の判子を押す寸前だったが、私を信じてやめたら、その直後に、マンションのエレベーターに首を挟まれて、人が亡くなる事故が起きた。しかも、その依頼者は、事故の現場をたまたま見てしまったらしい。

すぐに電話が来て「小林さんの言ったとおりになったよ」と、怖がっていたが、ここ数年だと、この場所に本社を移した大手中古車会社が、移転して程なく大不祥事を起こし、事実上の倒産に追い込まれている。

そもそも、そこの土地は、かつて大勢の武士が切腹をした場所なので、マイナスのエネルギーが溜まりやすく、悪いものがいろいろ集まってくるのだ。

敷地内にある庭園にも、女性の幽霊が出るという噂があり、それを知っている関係者は、庭には絶対入らないらしい。

あのハイソな街の地下には……

あと、いろいろなところで話しているが、沢、池、沼など、地名にさんずいの漢字がついている土地は、基本的に「良くない」と思っておいたほうがいい。

こういう土地は、もともと水が溜まっていた場所で、地盤も良くないし、湿気が多いから霊的なものも溜まりやすい。もともと水田だったところも、家を建てるのはやめたほうがいいだろう。

都内だと「渋谷」は、さんずいがつく上に〝谷〟になっているので、土地的には最悪だ。昔は、公園通りは真っ暗だし、スペイン坂の両サイドはラブホ街で雰囲気もひどかった。

今でこそ、若者が集まる街として栄えているが、人がたくさん集まる場所と、土地の良し悪しはまったく別なのだ。

ハイブランドが立ち並ぶ表参道も、戦争中、死体が積まれた場所だと知っている人は少ないだろう。昔は駅周辺の道路が石畳になっていたのだが、雨が降ると、遺体から滲《にじ》み出た脂で、雨水を全部、弾いてしまったらしい。

だから、あのあたりのビルは、地下になるほどヤバいところが多い。

以前、「表参道で、破格の家賃で貸してくれる地下の物件がある。借りていいか」という相談を受けたことがあるのだが、「そこを借りたら首を吊るよ」と、言っておいた。

普通ならあり得ない賃料で、しかも長期契約ということだったので、よっぽど借り手のつかない〝事情〟がある物件だったのだろう。

ただ、地下が全部、悪いわけではない。

エネルギーは地下に溜まるので、崇られている土地の地下は最凶だが、いい土地の地下は強力なパワースポットになるからだ。

ちなみに、都心部だと、帝国ホテルの地下1階にある虎屋の喫茶室は、最高に運気がいい。ここで飲んだり食べたりするだけで、たっぷりエネルギーをチャージできるので、一度行ってみるといいだろう。

では、地上はどうかというと、土地のエネルギーを受けられるのは、せいぜい5階ぐらいまで。

だから、タワーマンションの高層階は、運気がマイナスにならないが、プラスにもならない。では、完全にプラマイゼロかというと、そうでもなくて、ウォーターフロントなど埋立地は、土地としては最悪である。

考えてみてほしい。もともと海だったり、湿地だった場所は、まさに〝さんずいの地〟。本来、人が住むような場所ではないのだ。

3章でも、因縁のある土地について述べたが、悪い土地でも、遊びに行くくらいならそれほど問題ない。だが、住んでしまうと、運気は一気に下がっていく。

私が、人を視る時、名前と住所を聞くのはそのためで、住んでいる場所で運気がいいか悪いかわかるのだ。

もう20年以上前だが、当時、大人気だった男性アナウンサーの住所を聞いたら、完全に墓地跡だった。

「これは危ないな」と思っていたら、元気にテレビに出ていたのに、進行の早い悪性のガンになり、あっという間に亡くなってしまった。

パワースポット巡りもいいが、まずは、運気を下げる場所のチェックも必須だろう。

運気を上げる「パワーワード」

成功している人は「我」を張らない

周りの意見を素直に聞くことも、実は、運気アップには欠かせない要素だ。

霊的なこととは関係ないと思うだろうが、パワースポットに行こうが、お札を貼ろうが、自分にとって必要な、聞くべき「言葉」を受け入れなければ、運はどんどん逃げていく。

そういう意味で、あなたへの周囲の意見は、最強のパワーワードなのだ。

特に、結婚に関しては、選ぶ相手によって壊滅的なダメージを受けるので、自分がいいと思っても、周りから「あの人はちょっと」と言われたら、一旦、立ち止まるべきだろう。

当人は、アバタもエクボになって気付かないが、第三者は、バイアスがかかっていないので、ちょっとした違和感に気付くことができる。周りからストップがかかる時は、それ相応の理由があるのだ。

でも、人の意見を聞かない人というのは、私がいくら言っても、あれこれ理由をつけて耳を貸さない。結果、大変なことになってしまうのだが、私が「ダメだな」と思ったカップルは、もれなく離婚している。そこは、見事に外したことがない。

いろいろな人を見てきたが、結婚でも仕事でも、うまくいっている人は変な我を張らない。自分を通すべきか人の意見を聞くべきか、〝勘どころ〟をしっかり押さえているのだ。

そういう人は、私が「やめたほうがいい」と言うと、やめたことで損をしたり、面倒くさいことになるとしても、グダグダ言わずにスッパリやめる。

長い目で見て、何が「損」なのかわかっているのだろう。

「好き」と「才能」は別

私の知り合いに、一流大手の正社員だったのに、突然「お笑いで日本を変える」と、会社を辞めて芸人を目指したものの、まったく芽が出ず、苦労している男性がいる。

「僕、どうにかなりませんか」

と相談してきたので、

「世間が君を見ても笑わない。あとはもう、君の人生を晒して、バカにされても、それで笑いを取るしかない」

と言っておいたが、会社を辞める前に相談してくれれば、彼の人生は、どうにかなったかもしれない。

先ほど「好きこそものの上手なれ」と話したが、私は、「これは成功しない」と思ったら「無理だよ」とはっきり言う。「好き」と「才能」は別だからだ。

結婚の話と同じで、仕事の向き不向きや才能は、自分よりも周りのほうが見抜いていたりする。

成功する人というのは、それがわかっているので、人の意見を聞く。そして、人が「やったほうがいい」と言ったことをやり、実際、うまくいっている。

「運気をつかむ」とか「流れに乗る」というのは、そういうことなのだ。

私自身、自分からプロの霊能者に「なりたい」と思っていたわけではなかった。というのも、私は、こう見えて、すごく慎重で堅実なのだ。

例えば、見た目の綺麗なタレント志望の女の子が相談に来たとしても、「ビジュアルがいいから、芸能界に行け」なんて一切言わない。「とりあえず考えてからにしたら」と、アドバイスする。

雑誌の編集をしながら、霊能の仕事を並行してやっていた時も、フリーランスの霊能の仕事のほうが儲かっていたが「固定給と歩合給なら、固定給でしょう」と考え、出版社を辞める気はなかった。

サラリーマンかフーテンの寅さんだったら、当然、サラリーマンだと思っていたのだ。

だが、周りの大多数の人からは「なぜプロの霊能者1本で、やっていかないのか」と、散々言われていた。

どうしようかなと考えていたら、美輪さんから、

「あなたは、そっちの人間なんだから、あきらめなさい」

と、背中を押された。そこでようやく決心がついて、この世界に来たのだ。

だから、人が「やれ」と言うことは、大概正しい。

才能がある人間は、自分がなりたいと思わなくても周りが放っておかず、自然と行くべき方向へ導かれていく。

霊能の世界で、40年間、やってきた私が言うのだから間違いない。

あとがき

本文中でも繰り返してきたが、どんな仕事でも、プロとしてやっている以上、何らかの結果を出すのは基本中の基本だ。それなくして、プロを名乗る資格はない。

だが、そこから「一流」を目指すのは容易ではない。

霊能の世界でも、二流三流のプロはたくさんいる。二流は二流の結果を、三流は三流の結果で、満足している人が多いのではないだろうか。

私は、最初に衝撃を受けた霊能者が、美輪明宏さんという超一流の存在だったため、その背中を追いかけ、40年間、ずっと一流の高みを目指してきた。

では、何をもって一流の霊能者といえるのか。

順位や点数をつけられる世界ではないので、私自身、正直、わからない。だからこそ、今も日々、能力を磨き続け、アップデートを繰り返している。

そういう意味で本書は、霊能という特殊な分野を扱ったものではあるが、私なりのプロの流儀、本当のプロフェッショナルとは何かを記したものと言っていいだろう。

どんな仕事、どんな分野でもそうだが、何かを突き詰めることに終わりはない。

それをやり続けることができる天職に巡り会えた自分は、幸運だと思っている。

エスパー・小林

プロフェッショナル霊能者

令和 6 年 12 月 19 日　初版発行

著　者　　エスパー・小林
発行人　　蟹江幹彦
発行所　　株式会社　青林堂
　　　　　〒 150-0002　東京都渋谷区渋谷 3-7-6
　　　　　電話　03-5468-7769
装　幀　　TSTJ Inc.
編集協力　若松正子
印刷所　　中央精版印刷株式会社

Printed in Japan

ISBN 978-4-7926-0778-4

神様ホエさせてください

保江邦夫

神様のお使いで日本中を駆け巡る保江邦夫のメルマガ「ほえマガ」から不思議な話を厳選！

定価1600円（税抜）

日本大北斗七星伝説

保江邦夫

神様のお告げにより、日本全国を巡って、結界を張り直す儀式を行いました。日本を守るため、与えられた使命をこなすため、保江邦夫の神事は続く……

定価1600円（税抜）

東京に北斗七星の結界を張らせていただきました

保江邦夫

「本当の神の愛は感謝だけ！」理論物理学者・保江邦夫が神託により、東京都内の北斗七星の位置にある神社にてご神事を執り行い、東京に結界を張られました。

定価1500円（税抜）

秘密結社ヤタガラスの復活
――陰陽（めを）カケル

保江邦夫
雑賀信朋

新型コロナ以降の日本にはかつての陰陽道の復活が必要！　秘密結社ヤタガラスが日本を護る。量子物理学者・保江邦夫と安倍晴明の魂を宿す雑賀信朋の対談。

定価1500円（税抜）

令和版 みんな誰もが神様だった

並木良和

日々をていねいに生きることが大切
「目醒めること」を広めた原点の改訂版
東京大学名誉教授 矢作直樹との特別対談を令和に併せて大幅改編

定価1600円（税抜）

ずっと「自分探し」をしてきたあなたへ

並木良和

ワークの時間は魔法の時間！セミナーで語られた高次元からのメッセージを、更にパワーアップさせました！
繰り返しのワークで迷いから抜け出そう！

定価1700円（税抜）

銀河人類にシフトするあなたへ

並木良和

アップデートを促す神々のワークを収録！
いよいよ肉体を捨てないアセンションが始まる

定価1700円（税抜）

失われた日本人と人類の記憶

矢作直樹
並木良和

人類はどこから来たのか。歴史の謎、縄文の秘密、そして皇室の驚くべきお力！
壮大な対談が今ここに実現。

定価1500円（税抜）

幸せに生きるための心持ちと食

矢作直樹

この世界の仕組みを知りながら、どう幸せに生きていくのかを皆様にお伝えします。ただ単に食を変えるだけでなく、自分の心持ちを整えることが大切

定価1700円（税抜）

大御宝としての日本人

矢作直樹
はせくらみゆき

大調和を担うのはご皇室だけではない。私たち全ての日本人が霊性に目覚めることで、世界に大調和が伝播する。

定価1500円（税抜）

六六六と666

坂東忠信

日月神示とヨハネ黙示録から見える今後の世界！これからの3年半、世界を支配する艮の金神と悪魔と新しい神、そして大淫婦。

定価1800円（税抜）

私の中の陰陽師

雑賀信朋

死の淵より陰陽の道理を悟りよみがえった著者の目に映る世界とは。著者の実体験を踏まえ、「現代に必要とされる陰陽道の思想」「神道とスピリチュアル」などを解説。

定価1800円（税抜）